DIRIGE

Guía a un grupo pequeño a experimentar a Cristo

Joel Comiskey

CCS Publishing

www.joelcomiskeygroup.com

Publicado por CCS Publishing
23890 Brittlebush Circle
Moreno Valley, CA 92557 USA
1-888-511-9995

El titutlo original fue *Guíe: Guíe un Grupo Pequeño para Experimentar a Cristo*

Traducción y edición: CREED España.
Traductor: Samuel Alvarado.
Editores: Jorge Maldonado y Robert Reed.
Diseño: Josh Talbot.
Interior: Sarah Comiskey.

Todas las citas de las Escrituras, a menos que sean indicadas de otra fuente, son tomadas de la Santa Biblia, Nuevo Versión Internacional. Registro de propiedad literaria de la Sociedad Bíblica Internacional ©1999. Usada con permiso.

CCS Publishing es una parte del ministerio de Joel Comiskey Group, un ministerio dedicado a ofrecer recursos y asesoramiento a líderes e iglesias del movimiento celular mundial. **www.joelcomiskeygroup.com**

Catalogo del libro *Lead* en inglés es:
Publisher's Cataloging-in-Publication
(Provided by Quality Books, Inc.)

    Comiskey, Joel, 1956-
        Lead: guide a small group to experience Christ / by
    Joel Comiskey.
        p. cm.
        Includes bibliographical references and index.
        (Spanish translation *Dirige* ISBN 9781935789017)

        1. Spiritual life--Christianity. 2. Discipling
    (Christianity) 3. Group facilitation. 4. Spiritual
    formation.   I. Title.

    BV4501.3.C6554 2007   248.4
                  QBI06-600333

Tabla de Contenido

Introducción. 5

Lección 1: Entiende la célula 9

Lección 2: Dirige el grupo 21

Lección 3: Ministra a las personas 35

Lección 4: Crea un entorno espiritual 49

Lección 5: Multiplica las células 63

Lección 6: Trabaja con diligencia 75

Lección 7: Trabaja de manera inteligente 85

Lección 8: Haz discípulos que a su vez hagan más discípulos 97

Apéndice: Cómo asesorar a otros usando este material 105

Índice 109

Introducción

Dirigir un grupo celular es una manera excelente de ayudar a otros y de recibir muchos beneficios a cambio. Aprenderás a hacer preguntas más acertadas, a escuchar a otros y a dar la ayuda pastoral a los heridos. Y al renovar la vida de otros, tú también te verás renovado. A medida que te das a otros, recibirás mucho más a cambio. Jesús dijo: "Den, y se les dará: se les echará en el regazo una medida llena, apretada, sacudida y desbordante. Porque con la medida que midan a otros se les medirá a ustedes" (Lucas 6:38).

Descubrirás que no harás solo el trabajo de dirigir el grupo porque todos los miembros te pueden ayudar. Dirigir un grupo celular no debe ser una carga. Dios ha dotado de dones a cada miembro celular y la meta es permitir que cada uno participe como un ministro de Cristo.

Si estás estudiando este libro por tu cuenta, en forma individual, se te recomienda que lo hagas con un asesor espiritual quien te puede brindar ayuda, contestar tus preguntas y, sobre todo, para que cuentes con alguien en quien confiar. En el apéndice encontrarás algunas pautas para los asesores.

Recursos adicionales

Dirige es parte de una serie de cinco libros que conllevan a la madurez de un seguidor de Jesucristo. La meta de este libro es enseñarte a dirigir eficazmente un pequeño grupo.

Si estás interesado en los otros cuatro libros de esta serie, puedes comprarlos en www.joelcomiskeygroup.com o llamando al teléfono 1-888-511-9995.

Junto a este libro, recomiendo que leas mis libros *Cómo Dirigir un Grupo Celular* y *La Explosión de los Grupos Celulares en los Hogares*. Estos dos libros pueden comprarse por internet o llamando al número telefónico que figura arriba.

Puedes usar este libro de forma individual, en un pequeño grupo o en un salón de clases. Muchas iglesias usan este material en grupos. Es la manera más usual, pero no la única. Los bosquejos para la enseñanza y los PowerPoints para todos los cinco libros de asesoramiento de esta serie están en un CD. Puedes comprar ese CD en las direcciones arriba indicadas.

Entiende la célula

Biológicamente, la célula es la unidad estructural más pequeña de un organismo, capaz de funcionar independientemente. Una gota de sangre, por ejemplo, ¡tiene aproximadamente 300 millones de células rojas! La información genética completa de una célula se duplica en cada célula hija.

Las células de la sangre nutren y protegen al organismo llevando los nutrientes a cada parte del cuerpo y retirando los productos de desecho. Las células funcionan en forma interdependiente con el cuerpo y no aparte de él. Cada célula crece y reproduce sus partes hasta dividirse en dos células. Se dividen constantemente para reponer las células y continuar el proceso.

Así como las células individuales se unen para formar el cuerpo de un ser humano, las células en una iglesia forman el Cuerpo de Cristo. Las células conectan a las personas, permiten que los creyentes muestren el amor «los unos con los otros» como dice la Biblia, y que se formen discípulos que hagan más discípulos. Las células también se multiplican y dan vida a toda la iglesia.

¿Qué es un grupo celular?

Definir el grupo celular no es apenas un ejercicio académico. Asegura un control de calidad que permite que la vida de Cristo fluya a cada parte del cuerpo. La calidad debe formar parte de cualquier definición válida. El término grupo celular como se usa en este libro, y de acuerdo con las iglesias celulares crecientes alrededor del mundo, se define de la siguiente manera: "un grupo de 3 a 15 personas que se reúnen semanalmente fuera del edificio de la iglesia, con el propósito de evangelizar, tener compañerismo y crecer espiritualmente con la meta de hacer discípulos quienes hacen discípulos que resulta en la multiplicación".

Observa cómo esta definición da máxima flexibilidad pero mantiene la calidad y permite que el grupo progrese. Dentro de esta definición es posible incluir una amplia variedad de grupos celulares (células de hombres, células familiares, etc.), amplia variedad de materiales para la lección, diferentes ubicaciones (en casas, restaurantes, la universidad, etc.) y aun el grado de participación (algunos grupos celulares son dirigidos más por el líder que por la participación de todos los miembros).

Alguien me dijo una vez que si dos personas se reúnen de vez en cuando para clavar clavos en el techo, él lo consideraría uno de los pequeños grupos de la iglesia. Aunque en cierto sentido eso es verdad, una definición tan amplia disminuye drásticamente el control de calidad. Por ejemplo, un club de montar a caballo, una reunión de diáconos o un ministerio de visitas a la penitenciaría no son grupos celulares que buscan multiplicarse. Es cierto, cada uno de estos grupos es pequeño pero no contiene todos los vitales ingredientes de calidad de nuestra definición de grupo celular. En una reunión de diáconos, por ejemplo, sería muy difícil la evangelización, (¡a menos que la iglesia fuese muy liberal!). La evangelización es parte fundamental de la célula.

¡Inténtalo!

Lee 1 Corintios 16:19.
¿Dónde se reunía la iglesia primitiva?

_____

_____

¿Cómo refleja la célula de hoy lo que la iglesia primitiva estaba ya practicando en el primer siglo?

_____

_____

_____

Mientras te preparas para dirigir un grupo celular o para ser parte de un equipo de liderazgo celular, te recomiendo fuertemente que mantengas una visión clara de lo que debe ser una célula:

- Tamaño pequeño (las células deben permanecer lo suficientemente pequeñas para que cada persona pueda participar y pueda desarrollar relaciones francas e íntimas).
- Regularidad (las reuniones celulares semanales son la norma para asegurar el control de calidad).
- Penetración (Las células se reúnen fuera de la iglesia para penetrar en el mundo dónde las personas viven, trabajan y juegan).
- Evangelización (debe darse prioridad a la evangelización).
- Relacional (las personas anhelan tener relaciones estrechas y los grupos celulares ofrecen esto. Fuimos creados para vivir en comunidad).
- Crecimiento espiritual (los grupos celulares ofrecen el cuidado pastoral y el crecimiento espiritual para los que asisten).
- Multiplicación (la meta de la célula debe ser el desarrollo del próximo líder para continuar el proceso de multiplicación).

La meta es hacer discípulos que a su vez produzcan más discípulos. Definir el grupo pequeño de manera cualitativa asegurará que esto suceda.

¡Inténtalo!

¿Cómo definirías una iglesia celular según tu experiencia?

_____

_____

¿Por qué es importante mantener las características de calidad en un grupo celular?

_____

_____

Los 4 momentos en la reunión del grupo

No creo que exista un solo orden de agenda para la célula. Existen muchos formatos excelentes. Observa que el orden de la reunión no tiene nada que ver con la definición. No obstante, sí recomiendo observar estas 4 partes: **Bienvenida, Adoración, Palabra y Testimonio** como una agenda bastante sólida que permite la participación máxima de los miembros del grupo; y es fácil de seguir.

Cada una de las partes tiene un propósito específico. Una actividad de rompehielos en la parte inicial de **bienvenida** facilita que las personas entren en la dinámica del grupo. Tener oración y cantos de alabanza en la **adoración** dirige la atención hacia Dios. La lectura bíblica durante la parte de la **palabra** aplica la Escritura a la vida diaria. Finalmente, los miembros son alentado a dar **testimonio,** a compartir las buenas nuevas con otros.

Bienvenida (15 minutos)

La bienvenida normalmente incluye una actividad amistosa de rompehielos. La idea es conectar a cada persona con todos los demás en el grupo. El tiempo de la bienvenida dura aproximadamente 15 minutos. Las preguntas del rompehielos pueden ser variadas:

- ¿Qué te gusta hacer durante las vacaciones?
- ¿Cuál es tu pasatiempo favorito?

¡Inténtalo!

¿Tienes una actividad de rompehielos favorita? ¿Si la tienes, cuál es?

_____

_____

Si no, escribe una actividad que piensas que otros disfrutarán y que la usarían en tu grupo celular.

_____

_____

Adoración (20 minutos)

El tiempo de la adoración gira alrededor de la majestad de Dios. La célula existe para dar gloria a Dios, y el tiempo de adoración inicia este proceso. No importa si puedes tocar una guitarra o no, la meta es dar gloria a Dios a través de la adoración. Se puede adorar con un canto, con una oración, leyendo un Salmo o con el silencio. Recomiendo que todos tengan una hoja con las canciones que serán cantadas durante la reunión (normalmente 3-5 canciones). No te preocupes si no hay un músico para tocar la guitarra o el piano. Siempre puedes usar un CD de alabanza o adorar sin música. También recomiendo que el líder del grupo permita a los miembros ofrecer alabanzas con frases cortas, una oración o una confesión silenciosa.

Palabra (40 minutos)

El tiempo de la Palabra permite que Dios nos hable directamente por medio de la Biblia. Los buenos líderes saben estimular a los demás para que compartan sus pensamientos y apliquen la Palabra de Dios. Las lecciones celulares normalmente tienen de tres a siete preguntas enfocadas en la Palabra de Dios.

Como veremos en la próxima lección, los mejores líderes celulares son aquellos que funcionan como facilitadores y no como instructores bíblicos o predicadores. Aconsejo a los líderes celulares que no hablen demasiado porque la meta no es informar, sino transformar. Los buenos líderes conducen al grupo sin distraerse en temas de política, de crítica a la iglesia o en discusiones sobre opiniones de autores o comentaristas. De nuevo, la meta es aplicar la Palabra de Dios a la vida diaria. Las personas que llegan al grupo deben salir cambiadas por el mensaje eterno de Dios.

Para empezar, me gusta pedir a los miembros del grupo que lean los versículos de la Biblia en voz alta. Pero algo importante que he aprendido es que hay que pedirles sólo a quienes leen con confianza delante de otros. A algunos les gusta tener los versículos impresos de antemano en una hoja de papel y de una versión de fácil entendimiento para que todos puedan seguirla.

Después doy una explicación breve del pasaje de la Biblia. Me aseguro de no predicar, pero habrá quienes no sabrán cómo contestar las preguntas si no captan el significado del capítulo o versículos.

El líder puede tomar aproximadamente diez minutos para dar una explicación general del pasaje de la Biblia. No se requiere ser un experto en la Biblia para hacer esto. Muchas iglesias basan sus lecciones celulares en el mensaje predicado el domingo. De este modo, los líderes celulares pueden tomar apuntes cuando el pastor predica, para volver a tocar el tema durante la reunión celular de la semana siguiente.

¡Inténtalo!

Lee Santiago 1:22.
¿Qué resulta de sólo escuchar la Palabra?

_____

_____

¿Cómo ayuda el ministerio celular a que los creyentes apliquen la Palabra de Dios?

_____

_____

_____

_____

Testimonio (15 minutos)

El tiempo del testimonio es la última sección de la reunión del grupo celular. El enfoque está en buscar modos de alcanzar a otros y puede incluir la planificación de una actividad evangelizadora, de alguna forma práctica de acción social o simplemente de orar juntos por los amigos y las familias que necesitan a Jesús.

¡Inténtalo!

Verdadero o falso:

☐ La tercera parte en la reunión del grupo celular se dedica a la Palabra.

☐ La cuarta parte de la reunión del grupo celular se dedica al Testimonio.

Para darte una idea de cómo podría ser una reunión celular, te ofrezco una muestra de la agenda de reunión que he usado en varias ocasiones. Este ejemplo te dará una idea de las cuatro partes de la reunión celular y cómo se integra cada parte con la siguiente.

Agenda muestra de reunión celular

Bienvenida:	• ¿Dónde viviste cuando tenías de 7-12 años?
	• ¿Cuántos hermanos tienes?
	• ¿Quién es la persona a la que te sientes más allegado?
Adoración:	• Leer el Salmo 8 en voz alta y juntos.
	• Cantar "Cuán grande es Él".
	• Leer el Salmo 29: que cada persona lea un versículo.
	• Observar un minuto de silencio; que los miembros piensen cómo Dios les ha consolado en situaciones anteriores.
Palabra:	• Leer 2 Corintios 1:3-5.
	• Pedir: "Que cada uno comparta de alguna vez cuando se encontró en crisis y Dios le consoló".
	• Después de hablar sobre esto, preguntar: "¿Saben de alguna ocasión cuando Dios les usó a ustedes para consolar a otros?"
	• Por último, preguntar: "¿Quién en el grupo necesita del consuelo de Dios?" Dejar que Dios muestra las maneras de ministrar consuelo unos a otros.
Testimonio:	• Compartir nombres y circunstancias de no-creyentes que se encuentran en dificultades.
	• Hablar de cómo el grupo podría servir de testimonio a estas personas por ser agentes de la gracia de Dios en momentos de dificultad.

Tú puedes facilitar un grupo celular

Tuve el privilegio de pedir a 700 líderes celulares, en ocho países diferentes, que llenaran una encuesta sobre el crecimiento de su grupo. En ese estudio descubrí que entre las distintas culturas existen factores en común. En las siguientes lecciones, compartiré las partes de ese estudio que muestran lo que impacta positivamente en el crecimiento de un grupo. Por ahora nos enfocaremos en los factores que no tienen nada que ver con la eficacia de un líder. Pienso que te alentará. Si quieres más información sobre los resultados de mi estudio, puedes comprar el libro *Explosión de los Grupos Celulares en los Hogares* en www.joelcomiskeygroup.com.

La personalidad

El estudio demostró que los líderes extrovertidos e introvertidos multiplican con igual éxito los grupos celulares. Los potenciales líderes celulares que se definen como introvertidos dicen, a menudo, que les faltan los ingredientes necesarios para hacer crecer un pequeño grupo saludable, pero el estudio mostró que esto es falso. Realmente, el líder celular introvertido podría incluso ser más eficaz dirigiendo y multiplicando una célula porque escucha mejor.

Esta verdad debe alentar a los que se creen tímidos y piensan que no tienen lo que se requiere para dirigir un grupo pequeño. Dios usa la personalidad que nos ha dado. El Salmo 139:13 dice: "Tú creaste mis entrañas, me formaste en el vientre de mi madre". Jeremías 1:5 dice: "Antes de formarte en el vientre, ya te había elegido; antes de que nacieras, ya te había apartado".

Los dones

Algunas personas creen que necesitan poseer cierto don particular para dirigir un grupo celular con eficacia. El estudio mostró que esto no era verdad. No mostró ninguna conexión entre los dones espirituales y el éxito en la multiplicación. Un líder celular no necesita tener un tipo particular de dones para dirigir con eficacia un grupo celular.

Los líderes exitosos de pequeños grupos confían en los dones de todos los que conforman la célula. Mikel Neumann, profesor del Seminario Occidental, es el autor del libro *Grupos de Hogar para Culturas*

Urbanas. En este libro explica las cualidades de los líderes celulares eficaces. Observa que los líderes celulares eficaces frecuentemente son tímidos y sin dones espirituales particulares. Neumann escribió:

«Nos hablaron de dos personas productivas en formar grupos de hogar. Habían empezado tres o más grupos, pero los líderes se sentían un poco confundidos. La mujer era demasiada tímida y el varón tenía problemas para expresarse. Me impresionó saber que no son los excelentes dones los que producen la formación de nuevos grupos de hogar. El cuidado de los miembros y la oración... son la clave para empezar nuevos grupos. Estos líderes permitían la participación de otras personas reconociendo que otros tenían dones que necesitaban ser utilizados» (Mikel Neumann, *Home Groups for Urban Cultures*, Pasadena, CA: William Carey Library, 1999, pág. 82).

Esta información te alentará a reconocer los dones y talentos que Dios te ha dado. Es posible que no te sientas dotado de talentos o, incluso, debidamente preparado para dirigir un grupo celular. Acuérdate que Dios es quien recibe la gloria en tus debilidades. Él usa la combinación de personalidad y dones que te ha dado. Pablo dice en 1 Corintios 4:7: "¿Quién te distingue de los demás? ¿Qué tienes que no hayas recibido?"

¡Hazlo!

Comprométete a dirigir la parte de la Palabra en el grupo en la que ahora participas como preparación para dirigir tu propio grupo.

El género

¿Pero qué hay con respecto al género? ¿Los hombres, como líderes celulares, funcionan mejor que las mujeres? De ninguna manera. El estudio mostró que las mujeres eran tan eficaces dirigiendo y multiplicando grupos celulares como los hombres. Dios usa tanto a mujeres como a hombres para dirigir y multiplicar grupos celulares.

La educación

Muchos se sienten inadecuados porque no han recibido una buena educación formal. Pero, según la encuesta, la educación formal del líder no fue un factor determinante para hacer crecer y multiplicar un grupo celular. Los líderes con una educación básica (escuela primaria) fueron tan eficaces como los que tenían un postgrado en teología. Los factores importantes fueron el amor y el cuidado que mostraron por los miembros. Los líderes que amaban y oraban por los miembros crecían y hacían que sus grupos celulares se multiplicaran.

> **¡Memorízalo!**
> **Zacarías 4:6 "No será por la fuerza ni por ningún poder, sino por mi Espíritu, dice el SEÑOR Todopoderoso".**

¿Qué pretexto tienes?

Yo quiero animarte. Si eres hombre o mujer, con o sin educación, casado o soltero, tímido o extrovertido, maestro o evangelista, puedes hacer crecer tu grupo celular.

Más adelante comentaremos sobre los factores que son importantes para dirigir y multiplicar un grupo celular. En esta sección, las características mencionadas aquí (género, personalidad, etc.) son factores que no podemos cambiar. No tienen nada que ver con el hecho de dirigir y multiplicar un grupo celular. Los factores que trataremos después son los que podemos cambiar y mejorar (por ejemplo, oración, trabajo, etc.).

Es natural que estés consciente de tu propia debilidad y que te preguntes cómo es posible que puedas dirigir a otros en el contexto de un grupo pequeño. Sin embargo, muchos hombres y mujeres famosos del pasado también tenían limitaciones increíbles. ¡Demóstenes, el más grande orador del mundo antiguo, tartamudeaba! La primera vez que intentó dar un discurso en público, se rieron de él de tal modo que abandonó la tribuna. Julio César era epiléptico. Beethoven era sordo, y también lo era Tomás Edison. Carlos Dickens era cojo; y también lo era Handel. Homero era ciego. Platón tenía una joroba. Sir Walter Scott era paralítico.

La característica que tuvieron en común estos personajes fue que se negaron a poner sus limitaciones como excusas para el fracaso. Tomaron las piedras de tropiezo que encontraron en el camino y las convirtieron en escalones. Dios te usará tal como eres para servir a muchas personas. Confía en Él y verás las cosas grandes que hará por medio de ti.

¡Inténtalo!

¿Cuáles son algunos de los pretextos que has usado o has oído que otros usan para no dirigir un grupo pequeño?

_____

_____

_____

_____

_____

¿Son todavía válidas esas razones después de completar esta lección? ¿Por qué sí o por qué no?

_____

_____

_____

_____

_____

_____

_____

_____

¡Recuérdalo!

¿Qué se destacó más para ti en esta lección?

_____

_____

_____

_____

_____

_____

_____

Puntos Principales:

1. Una buena definición de grupo celular incluye siete componentes: pequeño (3–15), semanal, fuera del edificio de la iglesia (para penetrar en la comunidad), evangelístico, grupo íntimo, crecimiento espiritual, con la meta de hacer discípulos que resulta en la multiplicación de la célula.

2. El orden de la agenda a seguir en un grupo pequeño será: Bienvenida (15 minutos), Adoración (20 minutos), Palabra (40 minutos), y Testimonio (15 minutos). La flexibilidad es importante y seguir al Espíritu de Dios es fundamental.

3. Cualquiera puede dirigir un grupo pequeño con éxito. No depende de la personalidad, ni de los dones, ni de la educación, ni del sexo. Lo que sí es muy importante es estar dispuestos a dejar que Dios nos use.

¡Aplícalo!

1. Memoriza las siete partes de la definición de grupo celular. Comparte esas siete partes con alguien más, sin referirte a tus notas.

2. Apunta los miedos que tienes sobre tu propia habilidad personal para llevar un grupo celular, y compáralos con tu nuevo entendimiento de la dirección celular.

Notas del Capítulo

Notas del Capítulo

Dirige el grupo

Deja ir a mi pueblo". Fue Dios quien habló estas famosas palabras al Faraón por medio de Moisés cuando el Faraón se negó a obedecer a Dios. Dios continúa hablando estas palabras a los cristianos hoy. Tristemente, muchos se quedan atrapados en los bancos de la iglesia. Acuden a la iglesia el domingo, oyen un sermón y se marchan a sus casas. El profesional del púlpito hace todo el trabajo mientras que el cristiano se sienta, escucha y observa. No obstante, la Biblia dice que todos ejercemos el sacerdocio y que Dios nos ha llamado a servir. Según Efesios 4:11–12, la obra de los pastores y de los maestros es equipar y preparar a los miembros para servir, para edificar el cuerpo de Cristo.

A medida que aprendes a dirigir un grupo celular estás entrenándote como un ministro. Pero recuerda que tu meta no es simplemente rodearte de gente que venga y te escuche. Tu tarea es capacitar a otros para ayudarles a ministrar. Por todos los medios no caigas en la trampa de dominar al grupo. Tu papel es capacitar a los miembros. La gente viene al grupo porque tiene necesidades personales y busca una oportunidad para compartir esas necesidades. Permíteles compartir y crecer.

Haz preguntas estimulantes

Hubo un silencio. Falló el esfuerzo de Jaime de estimular la conversación. "¿Nadie más quiere hacer un comentario sobre este versículo?" Nadie contestó la pregunta. Jaime decidió romper el silencio y se lanzó a dar un sermón improvisado sobre los pasajes de la Biblia que había leído. "Por lo menos habrán recibido la palabra de Dios", pensó Jaime para consolarse.

Entiendo cómo se sentía ese líder. Me he enfrentado a situaciones similares cuando crece el silencio al dirigir mi propio grupo. Con frecuencia el problema está en las preguntas tediosas y aburridas. Por ejemplo, una pregunta cerrada tiene una sola respuesta correcta. Cuando un líder usa demasiadas preguntas cerradas, se coloca como experto en la Biblia que intenta conectarse con los que tengan los mayores conocimientos bíblicos. Pocas personas responden ante interrogatorios de este tipo.

Las preguntas abiertas, por otro lado, provocan la expresión y la discusión. Esto permite que se ofrezca más de una respuesta correcta. Las preguntas abiertas animan a los miembros del grupo a aplicar las verdades bíblicas a sus propias vidas.

Un ejemplo de pregunta cerrada es: "¿Dónde quería Dios que predicara Jonás?" Esta pregunta tiene una sola respuesta correcta: la ciudad de Nínive. Una pregunta abierta sería: ¿Tienes un ejemplo de tu propia vida cuando pensaste que Dios te estaba pidiendo que hicieras algo (como a Jonás) y dudaste?

Preguntas que llegan al corazón	
Ejemplos de preguntas que generan conversación:	Ejemplo de preguntas que tienen una sola respuesta correcta:
• ¿Cómo te sientes o qué piensas acerca de...? • Háblanos de tu experiencia en cuanto a... • ¿Por qué te sientes así o por qué piensas eso? • ¿Cómo harías...?	• ¿Estás de acuerdo con este pasaje? • ¿Cuál es el primer libro de la Biblia?

Las preguntas para el grupo celular, ya sean abiertas o cerradas, vienen en tres categorías: observación, interpretación y aplicación.

Observación	Interpretación	Aplicación
Comprender lo que dice el pasaje bíblico	*Esclarecer lo que significa el pasaje bíblico*	*Aplicar el pasaje bíblico a la vida diaria*

Una pregunta de observación simplemente trata sobre lo que se ve en el pasaje de la Biblia. Es preguntar: ¿Qué dice este pasaje? Tomemos como ejemplo Juan 3:16. Una pregunta de observación de este verso podría ser: "¿Cómo demostró Dios su amor por nosotros?" La respuesta a esta pregunta está dentro del texto: "Porque tanto amó Dios al mundo que dio a su Hijo unigénito".

La interpretación va un paso más allá, pregunta: "¿Qué significa este versículo?" Juan 3:16 dice: "Dios amó al mundo." Una pregunta de interpretación sería: "¿Qué significa la palabra mundo?" ¿Está hablando Juan sobre el planeta? ¿Las personas en el planeta? ¿Un sistema mundano aparte de Dios?

Pero mientras que la observación y la interpretación son importantes para entender la Palabra de Dios, la meta para el grupo celular es la aplicación. Para comprender el tema de Juan 3:16 como aplicación práctica en la vida, podríamos preguntar: "¿Cómo te ha demostrado Dios Su amor?" o "¿Cuándo fue la primera vez que sentiste el amor de Dios?" De este modo, cada persona puede contribuir con una respuesta.

¡Inténtalo!

Escribe una pregunta de observación para Juan 3:16:

_____

_____

Escribe una pregunta de interpretación para Juan 3:16:

_____

_____

Escribe una pregunta de aplicación para Juan 3:16:

_____

_____

En la preparación del material a ser usado en el grupo celular, recomiendo --como método general-- formular una pregunta de aplicación por cada dos de observación. No es necesario hacer muchas preguntas de interpretación. El ejemplo a continuación te dará una idea de cómo estructurar las preguntas. Lo que sigue es el material que preparé para una clase del grupo celular sobre el Salmo 90.

1. Lee Salmo 90:9–10. ¿Cómo describe el salmista la condición del hombre? *(pregunta de observación)*.

2. Comparte alguna experiencia que te hizo comprender lo frágil que es la vida y la rapidez con que se pasa (por ej., la muerte de seres queridos, amigos, etc.) *(pregunta de aplicación)*.

3. Lee Salmo 90:4–6. Según el salmista, ¿cómo debemos considerar el tiempo que tenemos? *(pregunta de observación)*.

4. Describe lo que sientes cuando piensas sobre la eternidad (por ej., miedo, confianza, alegría). ¿Por qué te sientes de esta manera? *(pregunta de aplicación)*.

5. Comparte algún temor que tengas con respecto al futuro (al final de la reunión, que oren los unos por los otros) *(pregunta de aplicación)*.

6. Lee Salmo 90:12. ¿Qué desea Moisés que le enseñe Dios? *(pregunta de observación)*.

7. En tu opinión, ¿qué significa la frase: «contar nuestros días»? *(pregunta de interpretación)*.

8. ¿Cuáles son algunas acciones específicas que podrías realizar esta semana para vivir desde la perspectiva de la eternidad? *(pregunta de aplicación)*.

Observa que comencé algunas de las frases con la palabra *comparte* en lugar de las interrogativas *quién, qué o por qué,* etc. Esto representa para mí un llamado o exhortación. La palabra *comparte* recuerda al grupo que el diálogo celular no es un interrogatorio y que todos los comentarios son bienvenidos. Las preguntas abiertas cautivan el corazón y generalmente generan diálogo en lugar de sólo una contestación.

Las preguntas de observación se enfocan más en lo que la Biblia realmente dice. Puesto que queremos basar el estudio en la Palabra de Dios, estas preguntas son muy importantes. No obstante, las preguntas abiertas de aplicación son parte vital del estudio. Las personas deben salir transformadas de las reuniones.

¡Hazlo!

Lee Filipenses 4:1. Prepara una clase celular de 5–7 preguntas con un mínimo de dos preguntas abiertas de aplicación. Pídele a un líder celular o supervisor que las revise (y prepárate para presentar esa enseñanza a un grupo celular).

Permite que otros compartan

He asistido a grupos celulares en los que el líder dominaba todo. Estos líderes desaniman las contribuciones de otros, lo que dificulta el crecimiento de las personas. En un grupo que visité, el líder se aferró a la mentalidad del mini-culto. Redujo el tiempo del rompehielos para pasar rápidamente al estudio. Con una Biblia en una mano y un documento en la otra, el líder dominó la reunión durante los siguientes 40 minutos. Mi espíritu se contristó al pensar en los que se sienten obligados a soportar una reunión de este tipo. El líder contestaba sus propias preguntas e incluso controló el tiempo de la oración final. A este líder, como a muchos otros, le encanta oír su propia voz ya que nunca dejan de hablar. Evita tú el síndrome del mini-culto.

Los líderes eficaces, por otro lado, se concentran en las contribuciones de otros y lo muestran escuchando atentamente. Una manera de mostrar visiblemente el amor a los miembros del grupo es por escucharlos con atención. Los mejores líderes celulares se preocupan por saber la opinión de las otras personas. Me acuerdo de una reunión celular en la que el líder hacía una pregunta y, mientras que alguien del grupo le contestaba, el líder se ponía a revisar sus apuntes buscando la siguiente pregunta. La impresión que el líder daba era que la opinión de otros era de poca importancia. El grupo celular se debe enfocar en todas las personas presentes. No se trata únicamente de ti. Escucha atentamente y todos se alegrarán de haber asistido.

¡Inténtalo!

Lee Proverbios 18:13.
¿Cómo describe el autor a alguien que no escucha bien?

_____

_____

En una escala del 1 al 10, ¿cómo describirías tus habilidades para escuchar en este momento? ¿Qué necesitas hacer para mejorar?

_____

_____

_____

Busca crear sensibilidad

Creo que es muy importante responder positivamente, aun cuando la persona se haya equivocado. Se debe alentar a la gente en vez de hacerla sentir inadecuada cuando la respuesta que da no es precisamente la correcta. Lo que se aprecia es la participación, no la exactitud.

Responder de manera positiva comunica a la persona que su contribución tiene importancia. Judy Hamlin dice: "Nunca rechaces totalmente una idea. Intenta aislar lo negativo y explorar lo bueno. Brinda apoyo al que da la idea, aunque no estés totalmente de acuerdo con ella. Nunca le digas a nadie que es un tonto. Si lo haces, destruirás la confianza y nadie más opinará. Siempre puedes decir: 'Eso es interesante. ¿Qué piensan los demás?'". (Judy Hamlin, *The Small Group Leaders Training Course*, Colorado Springs, CO: Navpress, 1990, p.115). A nadie le gusta que le llamen tonto.

Es cierto, alguien podría decir algo contrario a la Palabra de Dios. Aun en ese caso, el líder celular puede responder del siguiente modo: "Gracias por compartir tu opinión. Ahora miremos lo que dice la Palabra de Dios sobre esto". O si el líder celular sabe que hay creyentes maduros presentes, podría preguntarles: "¿qué piensan ustedes?" o "Fulano, ¿qué piensas tú sobre este tema?" Cuando te diriges a los participantes usa un tono de voz amable y positivo al mencionar sus nombres.

Ya que aproximadamente el 70 por ciento de toda comunicación involucra el lenguaje corporal, es importante estar consciente de los gestos y los movimientos corporales tuyos y de los otros. Acciones no-verbales como una mirada aburrida, una expresión incrédula o un gesto amigable expresan más de lo que una persona dice. Si miras tu reloj cuando alguien está hablando, ¿qué le estás comunicando? O si golpeas el suelo con el pie en una manera obvia de incomodidad, ¿crees que quien habla se sentirá escuchado? No.

Da tiempo a las personas para pensar

Después de hacer una pregunta, el líder debe dar tiempo para que el grupo piense. Las personas necesitan pensar en todas las posibilidades antes de intervenir. El líder conoce las preguntas; los miembros del grupo no. Se enteran de la pregunta por primera vez cuando la escuchan. Los miembros no sólo necesitan interpretar la pregunta, sino que también intentarán entender la dinámica del grupo (por ej., quién hablará primero, etc.).

¡Inténtalo!

Lee Efesios 4:29.
¿Cómo deben ser las palabras que salen de nuestra boca?

_____

_____

¿Cómo puedes aplicar este versículo en tu vida? ¿Cómo debes responder a los miembros de la célula durante la reunión?

_____

_____

_____

Lamentablemente, muchos líderes no reconocen este proceso natural, y cuando no hay una respuesta inmediata empiezan a enseñar o a predicar. No temas al silencio en el grupo. Los líderes tienden a temer el silencio más que los miembros del grupo. Da la oportunidad a otros para contestar.

Otro error es pensar que la pregunta ha sido totalmente contestada con la respuesta de una persona. A menos que la respuesta sea simplemente un sí o un no, las personas pueden responder de diferentes modos. Dios ha hecho a cada persona diferente con una perspectiva única de la vida. Por ejemplo, la contestación de Elena podría ser exactamente lo que María necesita oír. Si continúas con prisa sin dar tiempo al proceso, es posible que no se digan las respuestas necesarias. También recuerda que algunas personas toman más tiempo para entrar en ambiente. Un líder grupal no debe ir demasiado rápido.

¡Memorízalo!

Santiago 1:19 "Mis queridos hermanos, tengan presente esto: todos deben estar listos para escuchar, y ser lentos para hablar y para enojarse".

Los líderes eficaces facultan a otros

Los sinónimos para facultar es *ayudar, auxiliar, capacitar* y *facilitar*. Los grandes líderes capacitan a otros para brillar. Como ya hemos visto, los líderes celulares eficaces ayudan a otros al preguntar, escucharlos atentamente y estimularlos para responder. Un líder efectivo clarifica y reformula las ideas, estimula la discusión, cuida de las personas, es entusiasta, transparente, escucha atentamente, explica claramente, ayuda a las personas a expresar sus sentimientos, está abierto a las opiniones y evaluaciones, resume la discusión y llega a conclusiones.

¡Inténtalo!

Marca las casillas que necesitas mejorar:

☐ Clarificar y reiterar ideas

☐ Poder involucrar a todos

☐ Cuidar de otros

☐ Ser entusiasta

☐ Mostrarse honesto y transparente

☐ Hacer preguntas que estimulan la conversación

☐ Escuchar atentamente

☐ Explicar claramente

☐ Ayudar a las personas a expresar sus verdaderos sentimientos

☐ Estar abierto a opiniones y evaluaciones diversas

☐ Poder resumir la discusión y sacar conclusiones

Consejos para tratar con personas que hablan mucho

Si tienes una persona en tu grupo a quien le gusta hablar mucho, algunos de los siguientes consejos te pueden ayudar a remediar esta situación.

- Siéntate junto a esa persona para tener menos contacto visual con ella. Sentándote al lado y evitando el contacto visual podrás insinuarle que no le estás animando a hablar.

- Pide a otras personas que expresen sus opiniones. Si les hablas por sus nombres, asumes la responsabilidad del liderazgo y diriges la conversación del grupo.

- Si la persona que habla mucho hace una pausa, aprovecha el silencio momentáneo y dirige la conversación hacia otra persona o a otro aspecto de la conversación.

- Habla directamente con la persona. Hablar directamente, antes o después de la reunión, a veces soluciona el problema.

- Pídele a esa persona que te ayude a hacer que el grupo sea más participativo. Cuando el hablador comprenda cual es el motivo principal del grupo celular e incluso cómo participar para cumplir con esta meta, es probable que cambie.

• Acuerda la regla de que nadie puede opinar o hablar por segunda vez hasta que todos hayan tenido la oportunidad de hablar o dar una opinión. Esto les recordará a los habladores de manera definitiva a permanecer callados hasta que todos hayan tenido la oportunidad de expresarse.

¡Inténtalo!

¿Cuál de las sugerencias anteriores te parece la mejor para limitar a los habladores ? ¿Por qué?

_____

_____

_____

_____

_____

_____

_____

_____

_____

_____

_____

¡Recuérdalo!

¿Qué versículo en esta lección te impresionó más?

_____

_____

_____

_____

_____

_____

_____

Puntos Principales:

1. Los líderes de grupos pequeños no son llamados a predicar sino a dirigir la célula y hacer que todos participen.
2. La gestión eficaz tiene lugar si el líder escucha bien.
3. El líder debe responder positivamente a cada miembro.

¡Aplícalo!

1. Escoge cualquier pasaje de la Biblia y escribe dos preguntas de observación y dos preguntas de aplicación.
2. La próxima vez que te reúnas en grupo, escucha atentamente a cada respuesta.

Notas del Capítulo

Notas del Capítulo

Notas del Capítulo

Ministra a las personas

La noche que Miguel asistió al grupo celular se veía normal. Pero después de la enseñanza sobre el perdón en 1 Pedro 4:8 se puso al descubierto su necesidad. Compartió el resentimiento profundo que sentía hacia la persona que años atrás había violado a su hija. Miguel estaba aferrado a su amargura que le había dejado triste y esclavizado. Esa noche, obró la Palabra de Dios en la profundidad de su alma, y Miguel comprendió que necesitaba ser liberado. Durante el tiempo de oración, Miguel confesó su amargura y los miembros del grupo oraron para que él experimentara la curación en su alma.

A Miguel le urgía la curación y la restauración de su vida. Y al final de cuentas, de eso se trata en el grupo celular. Tienes un grupo celular exitoso cuando las personas que asisten escuchan algo que les llega al corazón y que reciben atención espiritual. Si eso no sucede, aunque todos canten correctamente, el rompehielos sea divertido y las personas respondan bien a las preguntas, el grupo habrá fallado el blanco.

La palabra edificación significa construcción. Pablo escribió a la iglesia en Corinto: "¿Qué concluimos, hermanos? Que cuando se reúnan, cada uno puede tener un himno, una enseñanza, una revelación, un mensaje en lenguas o una interpretación. Todo esto debe hacerse para la edificación de la iglesia" (1 Corintios 14:26). Las personas en nuestra sociedad por lo general se ven felices, pero en su interior gimen por tener múltiples heridas emocionales. No se requiere de mucho tiempo para notar que las personas en el exterior sufren los síntomas de heridas internas. Proverbios 15:13 dice: "El corazón alegre se refleja en el rostro, el corazón dolido deprime el espíritu".

Es posible que el espíritu deprimido que caracteriza a tantos sea el resultado de abusos durante la niñez, de padres divorciados, de la falta de perdón, de resentimientos, de los hábitos destructivos de un progenitor, del rechazo, de la depresión, de la culpabilidad y de todo tipo de temores.

Las personas necesitan un Salvador que los toque y que cure sus corazones. Sólo Dios puede sanar y liberar a las personas. Dios está sumamente interesado en cambiar las vidas de las personas. Él dice en Isaías 63:9: "Así se convirtió en el Salvador de todas sus angustias, Él mismo los salvó; no envió un emisario ni un ángel. En su amor y misericordia él los rescató; los levantó y los llevó en sus brazos como en los tiempos de antaño". Dios se contrista por las heridas de las personas, sus miedos y sus dudas. Él quiere usar tu grupo celular para llevarles la sanación.

Creo que la célula es el mejor entorno para rehacer las vidas de las personas y para que puedan crecer en la gracia y en el conocimiento de Jesucristo. En el pequeño grupo, el Espíritu Santo, el Artesano Maestro, desafía y cambia las vidas. El entorno íntimo de los grupos pequeños hace posible la edificación de las personas.

¡Inténtalo!

Piensa en una reunión celular cuando las personas se sintieron apoyadas y edificadas. ¿Qué ocurrió que permitió que se desarrollara un ministerio de este tipo?

_____

_____

_____

_____

_____

_____

_____

Permite que el Espíritu Santo te guíe

Lo más importante que un líder pueda hacer es oír la voz de Dios y después atender y servir en conformidad con lo que ha recibido. ¿Qué es lo que te ha dicho Jesús? Intenta pasar un tiempo con Dios antes de ir a las reuniones celulares. Permite que el Espíritu de Dios te llene hasta que estés completamente consciente de la plenitud de Su alegría y de sus riquezas grandes y extraordinarias. Deja que Dios te invada la mente, las actitudes y las emociones. En el Salmo 16:11 se declara: "Me has dado a conocer el camino de la vida; me llenarás de alegría en tu presencia, y dicha eterna a tu mano derecha".

Más que la mera preparación de la enseñanza, el éxito del pequeño grupo depende de la preparación espiritual personal del líder. Recuerda que Él quiere hablar a través de ti. Ponte a Su servicio dispuesto a ser usado por Él, obedeciéndole en lo que te diga. Conviértete en un canal del Espíritu Santo. Deja que Él sea quien te guía y dirige.

¡Inténtalo!

Lee 1 Tesalonicenses 5:11.
¿Cómo dice Pablo que debemos responder los unos a los otros?

_____

_____

_____

¿Qué puedes hacer para edificar a alguien en tu grupo?

_____

_____

_____

_____

_____

Ministra a los que acuden

No importa si sólo una o dos personas llegan al grupo, con tal que salgan edificadas. He notado, de hecho, que cuando el grupo es menor más personas tienen una oportunidad para compartir personalmente y recibir el toque de Dios.

Una tarde Mónica llegó temprano a nuestro grupo celular y empezó a derramar lo que tenía en su corazón: "Me siento tan agradecida porque ya no vivo con Andy. Me siento limpia por dentro, pero todavía es tan difícil; a veces siento que lo necesito". Frank y Kathy llegaron a la mitad de nuestra conversación y empezaron a compartir con Mónica sus propias experiencias. Mi esposa también le habló palabras de aliento y, finalmente, todos nosotros empezamos a orar por Mónica. Mi esposa y Kathy entendieron las necesidades de Mónica más profundamente que yo, y sus oraciones acertaron en lo que Mónica estaba sintiendo. Nadie más vino a la célula esa noche y nosotros cinco pudimos presenciar el poder de Dios transformando la vida de Mónica.

A veces los líderes celulares no se sienten exitosos si no reúnen un grupo grande. Pero cuando se reconoce que la meta es la vida renovada, el líder tendrá la actitud correcta para atender y servir aunque sólo lleguen una o dos personas.

Involucra a otros en el proceso de edificación

Cada miembro del cuerpo de Cristo tiene la capacidad para ayudar a otros. Nadie debe quedar fuera. Frecuentemente, los milagros ocurren cuando cada miembro funciona como ministro y empieza a verse como instrumento de sanación. Larry Crabb, el famoso autor y psicólogo, escribió:

"Personas comunes y corrientes tienen el poder de cambiar las vidas de otras personas. El poder se encuentra en la conexión, esa unión profunda cuando la parte más verdadera de una persona se encuentra con el triste vacío de otra. Cuando eso ocurre, el que da termina más lleno que antes y el que recibe siente que es menos miedoso, más bien deseoso de experimentar una conexión más profunda y recíproca" (Larry Crabb, *Connecting*, Nashville: Word Publishing. 1997, p.31).

¡Inténtalo!

Lee 1 Corintios 14:12.
¿Cómo deben practicarse los dones del Espíritu?

_____

_____

_____

¿Cómo puedes usar los dones y talentos que Dios te ha dado para edificar a otros?

_____

_____

_____

_____

El poder del ministerio del grupo pequeño se descubre cuando los miembros se relacionan entre sí y se ayudan mutuamente. Asistí a una reunión celular en la que el líder pidió a los miembros que escogieran sus canciones favoritas durante el tiempo de la Adoración. Después de cantar cada canción, el líder preguntaba a la persona que la había escogido que explicara por qué la escogió. Teresa escogió una canción sobre la renovación, y después empezó a llorar y a balbucear: "Tuve un pleito muy feo con mi marido hoy. Me enteré de que tiene otra mujer. Me siento tan sucia. Por favor oren por mí". Todos en el grupo pusimos nuestras manos sobre Teresa y oramos por ella. El grupo pasó el tiempo necesario para atender su necesidad. Ella había llegado a la reunión emocionalmente golpeada y deprimida, pero salió con el alma llena y animada.

Lo que determina el éxito en el ministerio del pequeño grupo es que las personas salgan edificadas --que la sanación tenga lugar en sus vidas-- no que se siga un orden o plan específico.

Instruye al grupo para que escuche las necesidades

El líder celular debe aconsejar a su grupo a escuchar los problemas que traen las personas y no responder rápidamente con respuestas fáciles. Cuando alguien se enfrenta a una crisis, no es el momento para decir: "Sólo tienes que confiar en el Señor. ¿No sabes que todas las cosas ayudan a bien a los que aman a Dios, a los que son llamados según Su propósito?"

Esas palabras, aunque son 100 por cien correctas, realmente hacen más daño que bien a una persona herida y afligida. Antes de poder escuchar un consejo, la persona debe primero saber que el pueblo de Dios le ayudará a llevar la carga. En ese momento anhela contar con un oído que simplemente escuche sin dar respuestas fáciles o pasajes conocidos de la Biblia. La sanación ocurre donde hay un silencio receptivo y mucho amor. Dios es el Sanador amoroso y desea que Su pueblo escuche a los demás.

Hay poder en escuchar. Escuchar obra maravillas porque hace que las personas se sientan especiales, amadas y cuidadas. Cuando alguien comparte una necesidad importante, debemos permitir que Dios fluya de una manera muy especial y que se manifieste. Simplemente cállate. Mantente callado ante Dios y permite que Jesús ministre a las necesidades de la persona.

Después de que una carga es compartida, debe haber un momento de comprensión silenciosa. A medida que los miembros del grupo empiecen a sentir empatía por la persona, el consejo piadoso surgirá: "Julia, comprendo el miedo y las dudas que te han venido con la noticia del cáncer de tu amiga. Cuando a mi hermano le diagnosticaron cáncer cerebral, yo también me sentí así. Luché durante días, preguntándome por qué permitió Dios que esta enfermedad llegara a mi familia. Entonces Dios me mostró…."

Ánimo trae sanación

Me acuerdo de un grupo pequeño cuyo líder hacía una ligera crítica a cada respuesta expresada. "Fallaste por un poquito", decía Jaime. Cuando alguien respondía a su pregunta, Jaime le replicaba: "No, eso no es, pero casi". Y la danza para encontrar la respuesta correcta continuaba. "Es como un examen sorpresa" me dije a mí mismo. Cuando Jaime hizo las últimas preguntas, toda participación de los miembros del grupo se había esfumado. Nadie quería arriesgarse a ser avergonzado. El temor a fallar llenaba el salón.

Los mejores líderes de grupos pequeños se consideran agentes de Dios en la sanación y animan a todos los miembros a participar, sabiendo que el ánimo es una de las formas principales de administrar el toque sanador de Dios. Ellos ponen en práctica la verdad que encierran las palabras de Proverbios: "Panal de miel son las palabras amables, endulzan la vida y dan salud al cuerpo" (16:24). Los buenos facilitadores de grupos pequeños se cuidan de toda información o comentario que no edifica, que destruye en vez de construir.

A semejanza de Cristo, el líder del grupo pequeño debe inclinarse hacia los que expresan necesidades, ofreciéndoles el poder sanador de Cristo. El líder debe proclamar enfáticamente que Cristo quiere sanar hoy: física, espiritual y emocionalmente. La naturaleza del grupo celular permite que el poder sanador de Dios se manifieste en el entorno tierno y amable de la célula.

¡Inténtalo!

Lee Hebreos 10:24–25.
Según estos versículos, ¿qué razón clave existe para congregarse?

_____

_____

_____

¿Qué puedes hacer esta semana para animar y alentar a otros durante la reunión celular?

_____

_____

_____

_____

Fomenta la transparencia en la célula

La vida de las personas se transforma cuando son honestas entre sí. Poco se logra cuando las personas se esconden detrás de la superficialidad. Los líderes celulares eficaces ayudan a las personas a que compartan honesta y abiertamente sobre cualquier cosa.

¡Inténtalo!

Lee 1 Juan 1:7. ¿Qué pasa cuando andamos en la luz?

_____

_____

_____

¿Cómo se aplica este versículo en cuanto a compartir con transparencia en el grupo celular?

_____

_____

_____

_____

_____

_____

El líder debe modelar en lo que se refiere a compartir con transparencia si quiere que otros hagan lo mismo. Típicamente, los miembros del grupo serán transparentes y abiertos en la misma medida en que lo es el líder. Si el líder no está dispuesto a arriesgarse a ser transparente y franco, los miembros tampoco lo harán. Si el líder siempre quiere que todos piensen bien de él, los otros miembros del grupo harán lo mismo.

Algunos líderes pueden creer que están promoviendo la transparencia, pero los testimonios que comparten no resuenan con los miembros. Es posible que digan: "Oren por mí. Hoy fui un poco impaciente con un compañero de trabajo. Es la primera vez que he tenido un conflicto así. Por favor, oren". Testimonios de esta índole alejan a las personas, haciéndoles pensar que el líder es un súper santo, cuando de hecho, no es así.

¡Inténtalo!

¿Es difícil para ti expresarte de manera transparente? ¿Por qué sí o por qué no?

_____

_____

_____

_____

_____

_____

_____

_____

La transparencia también es la mejor herramienta evangelística para alcanzar a los que no son cristianos. Las personas sin Cristo aprecian la autenticidad. Les agrada cuando los cristianos hablan de sus luchas, porque, a menudo, el no-cristiano está pasando por situaciones peores, pero sin tener la ayuda de Jesús. La evangelización celular a través de la transparencia es una actividad muy natural, y penetra las defensas de aquellos que nunca se atreverían a entrar por la puerta de un templo, pero que necesitan amor y un sentido de pertenencia.

Aun cuando no tengas que hablar de un problema demasiado grande, todavía puedes hablar de las pequeñas dificultades, las que enfrentas diariamente. Todos tenemos nuestras luchas: largas esperas en las filas, llamadas no deseadas, problemas con la computadora, pesados horarios de trabajo y otras irritaciones de la vida. Aun así, el poder expresarse en forma transparente no sólo involucra hablar de las dificultades; también podemos hablar de nuestros deseos y planes. La transparencia significa hablar sobre uno mismo de una manera honesta, permitiendo que otros sepan de nuestras fortalezas, debilidades, aspiraciones, sueños y esperanzas.

> ## ¡Memorízalo!
> **Romanos 15:1–2 "Los fuertes en la fe debemos apoyar a los débiles en vez de hacer lo que nos agrada. Cada uno debe agradar a su prójimo para bien con el fin de edificarlo".**

La edificación tiene lugar a menudo fuera de la célula

No todo lo relacional o ministerial ocurre en el grupo celular. Las células a menudo permiten la formación de vínculos entre las personas fuera de las reuniones. Janet, una participante de nuestro grupo celular, sufría en silencio por una falta total de comunicación con su esposo. Sabiamente no mostró la herida emocional que estaba sufriendo pues hubiera desacreditado a su marido ante el grupo. Aun así, pasó horas enteras con mi esposa, fuera del horario de la reunión celular, y recibió oración y ánimo. Dios le ayudó en el ambiente del pequeño grupo, pero la sanó por medio de los vínculos que se desarrollaron fuera de la célula.

Los grupos celulares eficaces desarrollan fuertes vínculos de amistad. Son más que simples reuniones. Los fuertes vínculos que se desarrollan dentro de la célula les llevan a pasar tiempo juntos fuera de la reunión celular. Como líder, anímales a participar en actividades que fomentan la amistad, incluso planifica reuniones fuera (actividades exteriores, acampando, eventos deportivos, etc.) con este fin. Recuerda que el líder celular no tiene que hacerlo todo. Aconsejo a los líderes celulares que animen a los miembros a ministrarse entre ellos. Recibí un correo electrónico de un pastor al que estoy asesorando; me escribió lo siguiente: "Algo que surgió durante nuestra plática fue el problema del tiempo. Algunos de los líderes se sienten culpables por no poder pasar tiempo con los miembros de sus grupos aparte de la reunión celular o durante la celebración". Mi contestación fue: "Una verdad importante es que el líder celular no debe sentirse como que es el único que debe desarrollar todas las relaciones.... de hecho, todos los miembros son igualmente responsables de hacerlo, quizás más porque no tienen el trabajo adicional de dirigir". Eclesiastés 4:9– 12 dice: "Más valen dos que uno, porque obtienen más fruto por su trabajo: Si caen, el uno levanta al otro. ¡Ay del que cae y no tiene quien lo levante! Si dos se acuestan juntos, entrarán en calor, uno solo ¿cómo va a calentarse? Uno solo puede ser vencido, pero dos pueden resistir. La cuerda de tres hilos no se rompe fácilmente".

¡Hazlo!
Procura esta semana alentar específicamente a alguien que está desanimado y que se verá ayudado por el apoyo que le des.

¡Recuérdalo!

¿Qué parte de esta lección quieres enseñarle a una persona cercana a ti?

_____

_____

_____

_____

_____

_____

_____

_____

Puntos Principales:
1. Edificar literalmente significa *construir*.
2. La edificación es la clave o guía esencial de la célula. El líder puede medir el éxito de una reunión celular si las personas salen edificadas.
3. Todos los miembros deben ser instrumentos de edificación.

¡Aplícalo!

1. Piensa en alguien que necesita ser edificado en el grupo. Haz planes para edificar a esa persona (escuchándole, orando, usando sus dones, etc.).
2. Prepárate para hablar en forma transparente de algo de tu vida con el grupo celular. Puede ser algo positivo o negativo en tu vida.

Notas del Capítulo

Notas del Capítulo

Crea un entorno espiritual

Vince Lombardi, un entrenador famoso de la Liga Nacional de Fútbol Americano tomó el equipo perdedor de los Packers de Green Bay y lo convirtió en el equipo campeón. Bajo la dirección de Lombardi, los Packers ganaron seis títulos de divisiones, cinco campeonatos de la NFL, dos Super Bowls (I y II) y adquirieron un récord de 98–30–4. En una ocasión después de perder un partido, reunió a los jugadores en los vestidores. Los jugadores del equipo eran hombres maduros que conocían el juego de fútbol americano desde abajo hasta arriba y de pi a pa, pero cuando los tenía sentados en los bancos de los vestidores, Lombardi alzó un balón de fútbol americano y les dijo: "Señores, este es un balón de fútbol americano". Luego empezó a hablarles de los principios básicos del juego y después dijo: "Señores, tenemos que volver a los fundamentos". Lombardi conocía bien la importancia de nunca olvidarse de los elementos básicos, los principios fundamentales del juego. Él creía que para su equipo, la fuerza del juego se encontraba en los fundamentos del fútbol, en los elementos más básicos.

El fundamento básico de un grupo celular que honra a Dios es tener a Cristo en el centro. La cosa más importante que un facilitador celular puede hacer para poner a Cristo en el centro es asegurarse de su preparación espiritual antes de iniciar la reunión del grupo. De hecho, es un error pensar que exista algo más importante que la preparación espiritual del líder antes de iniciar la reunión del grupo (como por ejemplo: los refrescos, la enseñanza, aspirar la alfombra, etc.). Acuérdate de Marta y María; la respuesta positiva de Cristo a María demostró que lo más importante en nuestras agendas es el tiempo que pasamos con Él. Pasar tiempo a la luz de la presencia de Dios te llenará de poder con la visión y la confianza necesarias para dirigir al grupo con éxito a nuevas alturas.

Los líderes celulares exitosos oran

En la lección uno expliqué cómo la dirección celular eficaz tiene poco que ver con las características externas del liderazgo como la personalidad, el sexo, los dones o la educación. Sin embargo, una característica en mi estudio, que se relacionó fuertemente con el éxito, fue el hábito de oración del líder. Los estudios estadísticos mostraron una relación proporcional entre el tiempo que el líder pasaba con Dios y el éxito en la multiplicación del grupo celular.

Los líderes celulares encuestados contestaron la siguiente pregunta: «¿Cuánto tiempo inviertes en las devociones diarias? (por ejemplo, oración, leer la Biblia, etc.)». Escogieron una respuesta entre cinco opciones que variaban en tiempo de 0 a 15 minutos hasta más de 90 minutos. La siguiente tabla resume los hábitos devocionales de los líderes celulares encuestados:

Hábitos devocionales de Los Líderes Celulares.

0 a 15 minutos	11.7%
15 a 30 minutos	33.2%
30 a 60 minutos	33.8%
60 a 90 minutos +	7.6%
90 minutes +	13.7%

En esta misma encuesta a 700 líderes celulares se les preguntó si su grupo se había multiplicado y, de ser así, cuántas veces. Aquellos que invertían 90 minutos o más en sus devociones diarias multiplicaron sus grupos dos veces más que aquellos que invertían menos de media hora.

A solas con Dios, durante el tiempo devocional, el líder celular oye la voz de Dios y recibe Su dirección. En esos momentos de quietud y reposo ante Dios, el líder aprende cómo tratar a la persona que habla constantemente, cómo esperar una respuesta, o cómo ayudar a un miembro que sufre. Los líderes celulares que se mueven bajo la guía de Dios tienen un fino sentido de dirección y liderazgo. Los miembros del grupo responden a un líder que recibe la Palabra de Dios y sabe el camino. Dios es quien da el éxito. Mi estudio estadístico es una prueba adicional de esta verdad. Un líder primero aprende cómo guiar su propia vida. Después, cuando demuestra tener esa capacidad, el líder se puede enfocar en determinar cómo y a dónde está llevando Dios al grupo. Un líder que repetidamente demuestra que Dios le habla gana autoridad espiritual. El tiempo devocional diario es la disciplina más importante en la vida cristiana. Durante ese tiempo diario Jesús nos transforma, nos alimenta y nos da nuevas revelaciones. Por otro lado, el hecho de no pasar tiempo suficiente con Dios nos puede llevar a la agonía y a la derrota. ¿Cuántas veces hemos salido de casa apresurados, esperando lograr un poco más en el trabajo, sólo para volver maltratados, deprimidos y heridos? Cuando empezamos el día sin tomar tiempo con nuestro Señor, nos faltan el poder y la alegría para enfrentar las exigencias de la vida.

Acaso no nos advirtió Jesús de lo mismo cuando dijo: "Cuando oren, no sean como los hipócritas, porque a ellos les encanta orar de pie en las sinagogas. Pero tú cuando ores entra en tu cuarto, cierra la puerta y ora a tu Padre, que está en lo secreto. Así tu Padre, que ve lo que se hace en secreto, te recompensará" (Mateo 6:5–6).

El estudio estadístico mencionado también mostró que no sólo la vida devocional del líder determina si se multiplica la célula, sino también que la oración del líder celular por los miembros fue determinante en la multiplicación eficaz de la célula. Al comparar la oración, los contactos y las reuniones sociales se descubrió que la oración por los miembros del grupo es el trabajo más importante del líder para unir y fortalecer al grupo en la preparación para la multiplicación. Un líder puede aumentar su efectividad al orar diariamente por los miembros del grupo.

¡Inténtalo!

Lee Hebreos 11:6.
¿Cómo responderá Dios a los que le buscan diligentemente?

_____

_____

_____

¿Cómo se puede aplicar este versículo en tu vida durante esta semana?

_____

_____

_____

_____

_____

Una cosa práctica que el líder celular puede hacer es orar antes de la reunión celular. Esto le da al líder un nuevo poder porque el Espíritu de Dios trabajará en él. Recuerda que el liderazgo celular eficaz es el resultado del trabajo de Dios. Se trata de dejar que el Espíritu de Dios se mueva, bendiga y unja.

Los líderes efectivos valoran más la unción del Espíritu y lo destacan por encima de la información, y la obediencia más que el conocimiento. La efectividad del líder depende de la dirección y la victoria que da el Espíritu. El Espíritu obra y nos guía.

Debemos recordar que el Espíritu quiere llenarnos. Siempre está dispuesto. Algunas personas piensan que es demasiado difícil ser lleno del Espíritu – como si se tratara de algo que depende de nuestro propio esfuerzo. Rotundamente no es así, Aquí en este mismo momento preciso se encuentra presente el Espíritu Santo. Él quiere y puede llenarnos. Lo único que necesitamos es recibir esa gran bendición.

¡Inténtalo!

¿Cuán importante es la oración en tu propia vida hoy?

_____

_____

_____

_____

_____

_____

_____

_____

_____

Comprométete a hacer que la oración sea una prioridad.

El Espíritu capacita a través de la debilidad

Algo que aprendí del Espíritu Santo es que no quiere nuestra autosuficiencia. Él recibe la mayor gloria cuando Él está en control y no nosotros. Cuando nos encontramos en debilidad, Él es más fuerte. Frecuentemente, en los momentos cuando nos sentimos más frágiles, desorientados y con incertidumbre, el Espíritu Santo tiene la mayor oportunidad de manifestar Su fortaleza, poder y creatividad. El Espíritu Santo anhela que nos aferremos y clamemos a Él. Cuando nos sentimos fuertes, generalmente no vemos ni sentimos la necesidad de acudir a Él. Pero nuestra impotencia propicia la oportunidad de lanzarnos a Sus brazos.

A lo largo del Antiguo como del Nuevo Testamento se presenta a Dios en busca de aquellos que le recibirán y le darán la gloria. Dios tuvo que descartar los ejércitos de Gedeón, por ejemplo, para que él no se jactara de su propia fuerza. Cuando Dios recortó el ejército de

Gedeón hasta que quedaron solamente 300 hombres y la oportunidad de una victoria humana era casi imposible, Dios le dijo a Gedeón que siguiera adelante. Y como siempre, intervino Dios de una manera milagrosa (Jueces 7).

Dios le dio a Pablo una «espina en la carne», una prueba dolorosa, para que Pablo mantuviera sus ojos exclusivamente en Dios. Aunque Pablo le rogó a Dios que le quitara la prueba, Dios se negó, diciendo: "Te basta mi gracia, pues mi poder se perfecciona en la debilidad" (2 Corintios 12:9). Pablo concluyó: "Por lo tanto, gustosamente haré más bien alarde de mis debilidades, para que permanezca sobre mí el poder de Cristo pueda descansar en mí. Por eso, me regocijo en debilidades, insultos, privaciones, persecuciones y dificultades; porque cuando soy débil, entonces soy fuerte" (2 Corintios 12:9–10).

Pablo escribió que Dios ha escogido a los débiles, insensatos y despreciados a los ojos del mundo para que Su gloria se manifieste intensamente y para que todos reconozcan la gracia y el poder de Dios. Es claro a lo largo de las Escrituras que Dios quiere toda la gloria (1 Corintios 1:31).

Si como líder de un pequeño grupo te sientes débil e inadecuado, ¡estás en lo correcto! Tu debilidad es la oportunidad del Espíritu Santo de glorificar al Padre. En lugar de suplicarle a Dios que te quite la inseguridad, pídele que Él reciba gloria a través de ella. A Dios le agrada usar a los líderes que son débiles y que miran hacia Él en lugar de creer que pueden hacer el trabajo sin la ayuda de Dios.

Uno de mis héroes favoritos es una mujer llamada Lorgia Haro. En el año 1995, Lorgia dudaba de su capacidad para ser anfitriona de un grupo pequeño. Sucedió que el líder del grupo al que ella asistía se tenía que mudar. Yo había estado rogando que alguien asumiera la función de anfitrión auxiliar mientras buscábamos otro líder. Lorgia levantó su mano con vacilación, pero al mismo tiempo nos dijo que se sentía incapaz de hacerlo dada su naturaleza tímida y el hecho de tener un esposo que no era cristiano.

¡Inténtalo!

Lee 2 Corintios 12:10.

Piensa en tres áreas en las que te sientes "débil" con respecto a dirigir un grupo celular:

_____

_____

_____

_____

_____

_____

Ahora, medita sobre cómo Dios puede recibir la gloria a través de cada una de esas áreas de debilidad. Empieza a regocijarte en el poder de Dios que se manifiesta a pesar de tu debilidad.

Lorgia cumplió con el compromiso que asumió y abrió su casa. A diferencia de Lorgia, nosotros no pudimos cumplir con lo prometido, porque nunca pudimos encontrar un líder para ese grupo. En vista de la situación, Lorgia se enfrentó a las circunstancias. Antes de cada reunión, ella le pedía fortaleza al Espíritu Santo. Su timidez la obligaba a depender de la fuerza de Dios y, a través de su debilidad, Jesús la usó para amar a las personas para que llegaran al reino. El grupo creció. Cuando aumentó su confianza en el poder del Espíritu Santo, animó a los miembros a que formaran sus propios grupos. "Si yo puedo hacerlo", razonaba ella, "¡ustedes también pueden!" Dentro del espacio de siete años su grupo se multiplicó doce veces y más de 70 personas recibieron a Cristo. Su marido fue uno de los convertidos. Nuestra iglesia creció tremendamente debido a una mujer débil y tímida que se llama Lorgia Haro.

Mantén tu enfoque en Su poder en medio de tu propia debilidad. Jesús quiere ser fuerte a través de ti. No eres nada aparte de Él. Mantén los ojos fijos en Su poder.

El uso de los dones espirituales en la célula

El Espíritu Santo da los dones espirituales a cada uno de Sus hijos. 1 Pedro 4:10 dice: "Cada uno ponga al servicio de los demás el don que haya recibido, administrando fielmente la gracia de Dios en sus diversas formas". Cada uno de nosotros tiene por lo menos un don. El mejor lugar para descubrir el don espiritual está en el entorno del grupo pequeño.

¡Inténtalo!

Lee Efesios 4:16.
¿A qué se refiere Pablo con la palabra ligamentos?

_____

_____

_____

¿Qué puede hacer el grupo para realizar la función que desempeña cada persona dentro del cuerpo?

_____

_____

_____

_____

_____

_____

_____

¡Hazlo!
Determina lo que tú consideres que sea tu don espiritual principal. Esta semana, pregúntale a alguien del grupo si cree que tienes ese don específico, es decir, si cree que ejerces ese don eficazmente.

A las personas que tratan de identificar sus dones les digo que deben determinar el nivel de gozo que sienten al hacer algo. El ejercicio de un don no debe sentirse como una pesada obligación, sino como un disfrute. ¿Te gusta explicar la verdad bíblica? Quizás tengas el don de enseñanza. ¿Te gusta orar por las personas enfermas del grupo y verlas sanar? Quizás tengas el don de sanación por medio de la oración. ¿Te agrada traer los refrescos y ayudar? Quizás tengas el don de servicio. ¿Te gusta visitar a los miembros del grupo que se enfrentan a problemas? Quizás tengas el don de la misericordia.

Otra prueba importante es la confirmación de otros. Yo sugiero que busquen la afirmación de aquellos que están en el grupo. Si tienes un don en particular, los demás se beneficiarán del uso que tú le des a ese don. En el contexto relacional del grupo cada persona tiene la oportunidad de ejercitar su don y de recibir retroalimentación. Si los demás observan que tienes capacidad para esclarecer el significado de las Escrituras, es probable que tengas el don de enseñar. El don que tiene mi esposa de aconsejar (la exhortación) se ha confirmado una y otra vez en el ambiente del pequeño grupo. El mejor lugar para descubrir tu don espiritual es en un contexto relacional con otros.

¡Memorízalo!
1 Corintios 14:1 "Empéñense en seguir el amor y ambicionen los dones espirituales, sobre todo el de profecía".

¡Inténtalo!

Lee Romanos 12:3–8. ¿Por qué dice Pablo que no debemos tener un concepto demasiado alto de nosotros mismos?

_____

_____

_____

_____

De los varios dones en la lista, ¿cuál(es) crees que Dios te ha dado?

_____

_____

_____

_____

_____

No se requiere un don específico para ejercer el liderazgo celular

Los líderes celulares exitosos no dependen únicamente de sus propios dones; confían en el poder del Espíritu Santo que usará los dones de todos los del grupo. Los buenos líderes celulares se ven, de verdad, como facilitadores de otros. No intentan hacer todo ellos mismos. No llevan una camiseta con el letrero: "Superlíder". Los mejores líderes de grupos pequeños, de hecho, se hacen a un lado y dejan que los miembros guíen al grupo.

He llegado a la conclusión que dirigir un pequeño grupo con éxito se relaciona más con el proceso de maduración espiritual del creyente que con el don que tenga o no tenga el líder. Nada madura a un creyente más que depender de Dios para preparar una enseñanza, dirigir un grupo, cuidar por los miembros y motivar al grupo para alcanzar a los que no son creyentes. El Espíritu Santo usa el proceso de facilitar el pequeño grupo para el crecimiento y maduración del líder, y estoy convencido que dirigir un grupo pequeño con éxito es algo que cualquier cristiano puede hacerlo, aunque no todos lo harán.

Recursos adicionales sobre dones espirituales

Pasajes bíblicos: 1 Corintios 12, Romanos 12, y Efesios 4.

Libros sobre dones espirituales: Mi libro favorito es el de Peter Wagner: *Como hallar sus dones espirituales* (Discovering Your Spiritual Gift) Ventura, CA: Regal Books, 2005. El libro de Christian A. Schwarz, *Los tres colores del ministerio* (The 3 Colors of Ministry) St. Charles, IL: ChurchSmart Resources, 2001 es mi segundo favorito en este tema. El libro que yo escribí, *El grupo pequeño lleno del Espíritu* (The Spirit-filled Small Group) Grand Rapids, MI: Chosen Books, 2005 explica detalladamente los dones espirituales y los grupos pequeños. Compra este libro en el portal www.joelcomiskeygroup.com

¡Recuérdalo!

¿Qué parte de esta lección tuvo el mayor impacto en ti?

_____

_____

_____

_____

_____

_____

Puntos Principales:

1. La oración debe penetrar en todo lo que hace el pequeño grupo celular.

2. Los líderes celulares eficaces se concentran en la oración.

3. Dios tiene por lo menos un don espiritual para ti y el mejor lugar para descubrirlo es el contexto de la célula.

¡Aplícalo!

1. Durante la próxima reunión celular, toma un tiempo para la oración después de la enseñanza. Pide a los hombres que se reúnan en un cuarto y a las mujeres en otro para expresar motivos de oración más a fondo.

2. Determina cuál es el don espiritual que Dios te ha dado preguntándote a ti mismo lo que te gusta hacer y preguntando a otros lo que ellos te han visto hacer bien.

Notas del Capítulo

Notas del Capítulo

Multiplica las células

Cada uno de nosotros empezó la vida como una célula individual. Esta célula no se podía mover, pensar, ver, reír o hablar. Pero algo que sí podía hacer, y hacerlo muy bien, fue dividirse; y se dividió. Esa célula única llegó a ser dos y después cuatro, después ocho y así sucesivamente, hasta que llegó a ser la persona asombrosa que eres hoy. ¡Y todo empezó con una sola célula! Las células son la forma más pequeña de vida, son las unidades funcionales y estructurales de todo ser viviente. Tu cuerpo tiene billones de células organizadas en más de 200 tipos principales. Una de las funciones celulares clave es la multiplicación (la división, en términos biológicos).

Algunas personas piensan que hablar de multiplicación es simplemente otra manera de referirse a estadísticas y números. En realidad, es todo lo contrario. La multiplicación equivale a salud celular. Las células saludables son las que se multiplican. Las células enfermizas, enfocadas en sí mismas, no se multiplican y, finalmente, desaparecen. La razón por la que la célula tiene que enfocarse en la evangelización y en el desarrollo del liderazgo es su salud.

El peligro constante para un grupo celular es el de engordar y volverse perezoso. Los miembros piensan que se mantendrá el grupo si se reúnen las mismas personas semana tras semana, pero eso es lo que finalmente lo mata. Las células necesitan nutrientes nuevos para sobrevivir. Así que cuando llegan visitantes y surge un nuevo líder celular para que la célula se multiplique en dos, se mantiene la salud del grupo.

Christian Schwarz dirigió un proyecto de investigación titulado *El desarrollo natural de iglesia*. Su centro de investigación en Alemania contiene más de 20 millones de datos sobre lo que hace que las iglesias crezcan y no crezcan. Schwarz descubrió que la multiplicación era uno de los factores de salud clave en las congregaciones crecientes. Schwarz declaró: "Si identificáramos un principio como el más importante, sin ninguna duda sería la multiplicación de los grupos pequeños" (Christian A. Schwarz, *Natural Church Growth*, -El Desarrollo Natural de la Iglesia- Carol Stream, IL: ChurchSmart Resources, 1996, pág.32).

¡Inténtalo!

Lee Juan 16:21–22.
¿Cómo describe Jesús el dar a luz?

_____

_____

Según Cristo, ¿cuál es el resultado duradero de dar a luz?

_____

_____

_____

_____

Establecer comunidad con otros

¿Cómo puedes incorporar personas nuevas al grupo y mantener todavía un nivel profundo de cohesión en comunidad? Ésta es una crítica común a la evangelización por medio del grupo celular y su multiplicación. No obstante, la investigación y la experiencia muestran que se desarrolla una comunidad mejor y más bíblica cuando una célula evangeliza y alcanza a no-cristianos. La persona nueva realmente contribuye al crecimiento de los creyentes al darles la oportunidad de ministrarles – y así crecer.

Cuando los miembros de un pequeño grupo tienen un objetivo evangelístico en común, empiezan a trabajar en conjunto para lograr la meta. El objetivo común estimula la unidad y el compañerismo. Todos se involucran, desde la persona que invita, la que lleva los refrescos y la que dirige la Palabra. El equipo en conjunto hace los planes, formula las estrategias y encuentra nuevos contactos. Finalmente se multiplica el grupo y continúa el proceso.

La amistad y el amor (la comunidad) se desarrollan durante el proceso de alcanzar como grupo a los que no son cristianos. La sociedad actual en su quebranto necesita desesperadamente el ejemplo de una comunidad amorosa. El clamor de los perdidos estimula a los miembros de las células a compartir el amor abundante que tienen en comunidad en lugar de reservarlo para ellos mismos. Cuando ocurre la multiplicación, los nuevos grupos tienen espacio para ministrar con gusto a estas personas.

¡Inténtalo!

Lee Hechos 13:2–3.
¿Qué dijo el Espíritu Santo a los que estaban ayunando y orando?

_____

_____

¿Hasta qué punto se ha involucrado el Espíritu Santo en tu célula en la preparación y el envío de un líder nuevo o de un equipo de liderazgo? ¿Qué puedes hacer para dar énfasis a la obra de Dios en la multiplicación?

_____

_____

_____

_____

¡Inténtalo!
Verdadero o falso:

☐ A todos les encanta multiplicar los grupos.
☐ Las personas no comprenden a menudo que la multiplicación es cuestión de salud.
☐ Sólo las personas muy talentosas pueden multiplicar los grupos.

Evangelización e intimidad = multiplicación

Para los grupos pequeños, lo grande no es lo mejor. Las células deben ser pequeñas para mantener la unidad relacional. Después de cierto número de miembros ya no hay oportunidad para que la persona tímida se exprese con confianza. ¿Por qué? Porque no le gusta hablar en grupos grandes. Sólo lo hace cuando el grupo es pequeño.

La mayoría de los expertos en grupos pequeños dicen que el tamaño máximo está entre 12 y 15 adultos. Puede crecer un poco más con los niños (aunque en la mayoría de las células familiares, durante el tiempo de la Palabra, los niños se van a otro cuarto de la casa para escuchar su propia enseñanza). La razón para mantener el grupo de un tamaño pequeño es conservar la intimidad.

Pero la verdad es que para mantener el tamaño pequeño del grupo y continuar alcanzando a gente nueva, cada grupo tiene que pensar seriamente en la preparación de un nuevo líder o varios, y multiplicarse en nuevos grupos. La otra alternativa es no invitar a nadie nuevo y mantener su tamaño pequeño. Pero mantenerse pequeño sin evangelizar no coincide con la Gran Comisión que nos dejó Jesús cuando dijo que hiciéramos discípulos de todas las naciones (Mateo 28:18–20).

¡Hazlo!

Comenta con alguien en el grupo (o con todo el grupo) por qué la multipli¬cación es necesaria para mantener saludable al grupo. Prepara tu corazón para participar en la multiplicación de tu célula.

Hacer bien muchas cosas

Para multiplicar un grupo celular, el líder debe hacer muchas cosas bien.

Muchas personas creen que la multiplicación celular equivale a la evangelización, pero la evangelización es sólo una parte. La multiplicación celular involucra la evangelización, las visitas, el estudio, el entrenamiento de los líderes, la dinámica de los grupos pequeños, discipular y pastorear a los miembros del grupo. Si el líder sólo se concenta en el discipulado, el grupo crecerá hacia adentro y se estancará; si el líder se concentra solamente en la dinámica grupal, el desarrollo de los líderes sufrirá; si el líder sólo se enfoca en la evangelización, muchos se saldrán por la puerta de atrás. La multiplicación celular abraza tantas otras cualidades de liderazgo que merece el enfoque principal del ministerio celular. Pero la realidad es que la multiplicación es igual al desarrollo de líderes. He notado que algunas iglesias permiten que un mismo líder dirija dos o más grupos celulares. Me parece más sabio tener un líder por cada célula y mejor aún sería tener un equipo de liderazgo en cada célula.

Algunas iglesias permiten que los grupos celulares lleguen a ser tan grandes que sólo un superpastor puede dirigirlos. Yo creo que todos pueden dirigir con éxito un grupo celular de tres a quince personas. El liderazgo necesario para grupos mayores requiere de talentos, dones y adiestramientos adicionales.

¡Memorízalo!
Juan 15:8 "Mi Padre es glorificado, cuando ustedes dan mucho fruto, y muestran así que son mis discípulos".

Cómo multiplicar un grupo celular

La manera tradicional de multiplicar un grupo celular se llama multiplicación madre-hija. El tamaño del grupo aumenta hasta aproximadamente quince personas y después seis a ocho miembros del grupo se separan para establecer un nuevo grupo celular. Esto ha funcionado de modo eficaz para muchas iglesias y ha mostrado su bondad pues los nuevos grupos son muy estables. El líder --o el equipo de líderes-- del nuevo grupo ha recibido el entrenamiento necesario y está capacitado para guiar.

Cuando se emplea el proceso de multiplicación madre-hija, los miembros del grupo celular experimentan una serie de etapas. Está la etapa de *aprendizaje* en la que los unos aprenden de los otros y se determina el compromiso con el grupo. La duración de esta etapa es de aproximadamente dos meses. Luego viene la etapa *fraternal* durante la cual los miembros que muestran la dedicación necesaria deciden madurar en su amor fraternal mutuo a pesar de los problemas que encuentren. La siguiente etapa es de *enlace*. Durante esta tercera etapa se establece firmemente el núcleo celular y las relaciones entre los participantes se vuelven muy estrechas. La etapa de *lanzamiento* es cuando el grupo está listo para la acción y empieza a evangelizar. Finalmente la etapa de *separación* es cuando la multiplicación toma efecto.

Otra manera eficaz de llevar un grupo celular a la multiplicación es por promover que cada miembro del grupo se capacite como líder. El primero en completar la capacitación se separa del grupo original con uno o dos miembros del grupo para establecer una nueva célula. Este método se llama "siembra de células". En la siembra no es necesario tener un número determinado de asistentes para sembrar un grupo nuevo. Otro método de siembra ocurre cuando el líder del grupo se separa de la célula original con uno de los miembros que ha completado el proceso de capacitación y entre los dos establecen un grupo nuevo. Este método es el de mi preferencia.

¡Inténtalo!

Lee Génesis 1:28.
¿Cuál es el deseo de Dios para la humanidad?

_____

_____

¿Crees que Jesús desea la multiplicación del grupo celular? ¿Por qué sí o por qué no?

_____

_____

_____

_____

En cierta ocasión me encontraba en una iglesia donde la líder creía que ninguno de los miembros era lo suficientemente competente como para dirigir un grupo celular. Ella me dijo confidencialmente: "Todos ellos parecen disfuncionales". Durante esa semana hablé sobre facultar a los laicos para hacer la obra del ministerio y cuando ella me oyó hablar de esto, se emocionó al pensar en las posibilidades. Se hizo reemplazar por otro miembro en el grupo original y salió para plantar un nuevo grupo. Cuando ella salió, el grupo recobró vida bajo la dirección del nuevo líder ¡El problema era ella!

En el pasado yo fijaba períodos exactos de tiempo en los que una célula debía multiplicarse, pero he descontinuado esa práctica. He descubierto que todo depende de la receptividad de las personas. En lugares como Bogotá, Colombia, el tiempo que se requiere para multiplicar una célula es aproximadamente seis meses, pero en lugares como Zurich, Suiza podría tomar hasta dos años. ¿En qué consiste la diferencia? La diferencia está en la receptividad al evangelio y en la buena disposición de las personas para llegar a ser discípulos.

¡Inténtalo!

Lee Eclesiastés 4:12.
¿Cuál es el punto principal de este versículo?

_____

_____

_____

¿Cómo puede aplicarse este versículo a la multiplicación celular?

_____

_____

_____

¡Recuérdalo!

De esta lección, ¿qué versículo fue el que más te impresionó? ¿Por qué?

_____

_____

_____

_____

_____

Puntos Principales:

1. El compañerismo o la comunidad del grupo es un derivado de la evangelización celular y la multiplicación.
2. Las células deben permanecer pequeñas para mantener la intimidad pero deben evangelizar para cumplir la Gran Comisión. La única alternativa es formar nuevos líderes y multiplicarse.
3. La multiplicación madre-hija tiene lugar cuando la célula alcanza un cierto tamaño y la mitad del grupo celular se separa para empezar un nuevo grupo. Plantar una célula no depende del número de miembros de la célula madre, sólo requiere de un líder para establecer una célula nueva.

¡Aplícalo!

1. En una escala del 1 al 10, ¿consideras que tu grupo pequeño está más orientado hacia los que ya están (hacia adentro) o más orientado a alcanzar a otros (hacia afuera)? El 1 equivale a una orientación muy hacia adentro y el 10 a una orientación muy hacia afuera.
2. En el grupo celular expresa lo que has aprendido acerca de mantener el grupo en un tamaño reducido pero sin dejar de alcanzar a otros. Anima a los del grupo a considerar la multiplicación.

Notas del Capítulo

Notas del Capítulo

Notas del Capítulo

Notas del Capítulo

Trabaja con diligencia

En 1996 visité a un grupo celular en el Centro Mundial de Oración Betania que estaba a punto de dar a luz un nuevo grupo. Todo el personal estaba presente para celebrar este evento maravilloso. Sentado en un rincón de la sala estaba el líder celular orgullosamente feliz y disfrutando de la atención. Esa noche la celebramos con un guiso de mariscos y carne a la parilla, un manjar de verdad. Cuándo todos habían partido y el líder celular estaba solo, me acerqué y le pregunté: "¿Cuál es el secreto de tu éxito? ¿Qué hiciste para llegar a este punto?" Su respuesta fue franca: "Durante meses nuestro grupo trabajó sin descanso, pero sin fruto. La verdad es que pensé en rendirme", me confesó. "Pero por la gracia de Dios, perseveré en hacer las cosas que sabía que tenía que hacer. Seguí orando, invitando y haciendo contactos. Entonces de repente vino un joven a la célula, recibió a Jesús y empezó a invitar a sus amigos. Ahora aquí estamos ¡listos para multiplicarnos!"

Perseverancia. Algunos creen que si uno está en el lugar correcto y en el momento correcto la suerte se encargará de todo. El líder celular en Betania descubrió que no se trata de estar en el lugar correcto ni en el momento justo, sino de seguir adelante y no rendirse.

El legendario Larry Bird, el gran jugador de baloncesto, se destacó en los tiros libres practicando 500 tiros cada mañana antes de ir a clases. Demóstenes de la antigua Grecia llegó a ser un gran orador recitando versos con la boca llena de guijarros y hablando por encima del rugido de las olas a la orilla del mar.

Los líderes celulares exitosos persisten en las cosas que deben hacer. Saben que con la práctica el liderazgo se perfecciona. Están deseosos por hacer lo que sea necesario para que sus células tengan éxito.

En la próxima lección comentaré sobre algunos de los factores que pueden afectar de manera positiva la multiplicación (por ej., tiempo que se usa fuera de la reunión celular, fijar metas claras, las visitas a los miembros y visitantes de la célula, etc.). El hilo común en todos los factores es la palabra "diligencia". Dios es quien finalmente convierte almas y cambia vidas. Pero Dios todavía usa a obreros diligentes que perseveran frente a las dificultades.

La diligencia caracteriza a los formadores eficaces de discípulos

La palabra griega para diligencia, en el Nuevo Testamento, es la palabra "*spoudé*". ¿Qué significa esta palabra? Según el léxico griego, esta palabra indica la atención rápida que se presta a los intereses de una persona o de una causa, darse prisa, apurarse en atender un asunto, incurrir en molestias con tal de atender un asunto. Se refiere a una persona activa, trabajadora, que se esfuerza en hacer su trabajo sin considerar las molestias. Esta palabra está en oposición a la pereza. De hecho, Pablo nos dice que nosotros debemos ser diligentes en nuestro liderazgo, dedicados de corazón a nuestro trabajo: "Si es el de animar a otros, que los anime; si es el de socorrer, que dé con generosidad, si es el de dirigir, que dirija con esmero, si es el de mostrar compasión que lo haga con alegría" (Romanos 12:8).

¡Inténtalo!

Lee Proverbios 13:4.
¿Qué pasa con el diligente? ¿Con el holgazán?

_____

_____

¿Cómo puedes aplicar esto en tu vida diaria?

_____

_____

Existe un antiguo refrán que dice: "Los campeones no se hacen campeones en el ring—sólo son reconocidos allí". Es el entrenamiento diligente, secreto, antes de la pelea, lo que capacita al boxeador para ganar. 2 Timoteo 2:15 dice: "Procura con diligencia (*spoudé*) presentarte a Dios aprobado, como obrero que no tiene de qué avergonzarse, que traza bien la palabra de verdad".

¡Inténtalo!

Lee 2 Pedro 3:12–14.

¿Por qué se exhorta a los lectores a "procurar con diligencia"? ¿En qué se deben esforzar?

_____

_____

_____

¿En qué área del ministerio celular puedes practicar la diligencia esta semana?

_____

_____

_____

_____

_____

_____

_____

¿Qué ves?

Me imagino que muchos saben la anécdota de los dos vendedores de zapatos que fueron a la selva. Allí se encontraron con una tribu en la que casi todos andaban descalzos. Uno de los agentes vendedores envió un telegrama a la oficina matriz en su país diciéndoles: "Aquí no tiene ningún futuro la compañía. No hay mercado. Nadie lleva zapatos". El otro vendedor envió otro mensaje pero con una notable diferencia: "Tenemos una mina de oro aquí. ¡Todos necesitan zapatos!" ¿Ves sólo a los gigantes o ves a los gigantes y el poder de Dios para superarlos?

¡Inténtalo!

Lee Marcos 11:22–23.
¿Qué nos dice Jesús sobre la fe?

_____

_____

_____

¿Qué necesitas creer que Dios hará en tu vida?

_____

_____

_____

_____

_____

Me he dado cuenta de que algunos líderes celulares siempre ponen pretextos. Sólo ven los problemas y los riesgos potenciales. Al hablar de ganar nuevos discípulos, ponen un millón de excusas. Otros se esfuerzan en seguir adelante ante la oposición y hacen grandes cosas para Dios.

Me acuerdo de Pablo. Había perdido su trabajo en la construcción de gasolineras y se quedó sin transporte para venir a la reunión de la célula en mi casa. Decidí pasar por él y toda su familia. Cada jueves por la noche, iba por todo el clan para la reunión celular, y luego los llevaba de regreso a su casa en mi automóvil. Como te podrás imaginar, después de un día largo de trabajo, no me sentía con ganas de ir por ellos y luego llevarlos de regreso. Pero lo bueno es que en el trayecto, después de la reunión, todos los jueves tuve la oportunidad de discipular a Pablo. Finalmente Pablo llegó a ser un líder celular y multiplicó su célula. ¡Me convertí en abuelo!

> ## ¡Memorízalo!
> **Proverbios 14:23 "Todo esfuerzo tiene su recompensa, pero quedarse sólo en palabras lleva a la pobreza".**

No te rindas

John Maxwell dice: "Quizá el resultado más valioso de toda educación es la habilidad de lograr que hagas lo que tienes que hacer, cuando se debe hacer, te guste o no; es la primera lección que uno debe aprender". Todos estamos llenos de buenas intenciones, pero en realidad sólo algunos ponen en acción esas intenciones. Los líderes eficaces convierten la intención en realidad. Quizá esto es lo que los grandes líderes hacen mejor—ellos siguen adelante cuando otros se rinden. ¿Estas dispuesto a hacer lo mismo? Abraham Lincoln es un gran ejemplo de diligencia (*spoudé*):

- En 1832, perdió la elección para senador.
- En 1833, fracasó un negocio que había puesto.
- En 1835, falleció su novia.
- En 1836, sufrió un colapso nervioso.
- En 1838, perdió como candidato a la cámara de representantes del Estado de Illinois.
- En 1843, perdió la candidatura al congreso.
- En 1848, perdió la candidatura al congreso por segunda vez.
- En 1849, su solicitud para ser oficial del registro de tierras fue negada.
- En 1854, perdió como candidato al senado americano por tercera vez.
- En 1856, perdió la candidatura a la vicepresidencia de los Estados Unidos
- En 1858, perdió de nuevo la candidatura para senador.
- En 1860 - después de 28 años de fracasos -alcanzó la presidencia norteamericana.

Abraham Lincoln no se detuvo a pesar de sus fracasos. Dejó que sus fracasos crearan en él la fuerza de carácter y la fortaleza para seguir adelante. Se mantuvo diligente no obstante los obstáculos y las dificultades que enfrentó. Su carácter permaneció firme a lo largo de toda su vida.

¡Hazlo!

Piensa en un aspecto del ministerio celular que te ha desanimado. Proponte seguir adelante en ese aspecto en particular a pesar de las dificultades y de los obstáculos.

"*Spoudé*" nos estimula a seguir adelante cuando tenemos ganas de rendirnos. Es cierto que no es fácil. Thomas Edison dijo una vez que ser genio consiste de un 99% de transpiración y un 1% de inspiración. Me gusta decir que los mejores líderes de grupos pequeños son los que saben sudar. Saben trabajar duro. Le siguen echando ganas hasta sacar resultados; no se rinden fácilmente. El fundador de Honda Motors, Soichiro Honda, dijo: "Muchas personas sueñan con tener éxito. A mi modo de ver el éxito se logra sólo a través del fracaso repetido y de la introspección. De hecho, el éxito representa el 1% de su trabajo que viene del 99% de lo que llamamos fracaso". Según Soichiro, la razón por la que no tenemos éxito es porque no hemos aprendido a fallar. Nos rendimos tan fácilmente en la batalla. Trabajamos cuando nos da la gana y cuando no, abandonamos el trabajo.

¡Inténtalo!

Lee Proverbios 14:23.

_____

_____

¿Cuál es el resultado de todo trabajo arduo? ¿Cuál es el resultado de quedarte sólo en palabras?

_____

_____

_____

_____

En una escala del 1–10, si el 10 representa el trabajo arduo y el 1 sólo palabras, ¿dónde te colocarías en la escala? ¿Por qué?

El eslogan de Nike: "Hazlo", encapsula la idea de _spoudé_. No te quedes sentado nada más hablando de algo. Hazlo. No te quedes dándole vueltas y vueltas y más vueltas pensando si vas a hacer algo o no. Sé diligente y simplemente hazlo. Algunas personas están tan llenas de buenas intenciones y grandes pensamientos que se quedan sin producir algo útil y nunca hacen nada.

Permíteme ser claro: No pretendo decir que la acción de trabajar duro debe reservarse sólo para dirigir un grupo. De hecho, creo que a donde debemos dirigir nuestros esfuerzos más arduos es a la relación que guardamos con Dios y con nuestra familia. El verdadero éxito, a mi modo de ver, está en el amor y el respeto que nos ganamos de nuestra familia inmediata y de los amigos. Entonces, si eres un líder celular exitoso y un fracaso en tu casa, necesitas cambiar tus prioridades. El detalle es que muchas veces damos excusas en lugar de seguir adelante. Creo que con demasiada frecuencia nos rendimos cuando el éxito está a la vuelta de la esquina.

¡Recuérdalo!

Escribe una oración a Dios pidiéndole ahora mismo que te ayude a entender y a poner en práctica una cosa de esta lección.

_____

_____

_____

_____

_____

_____

Puntos Principales:
1. La palabra griega *spoudé* significa diligencia.
2. El arduo trabajo es el factor clave en la multiplicación celular exitosa.
3. El control de los factores que afectan la multiplicación está al alcance del líder.

¡Aplícalo!

1. ¿En qué aspecto específico del liderazgo celular necesitas ser más diligente?
2. En la próxima semana, esfuérzate por ser más diligente en ese aspecto en particular.

Notas del Capítulo

Notas del Capítulo

Trabaja de manera inteligente

ichael Jordan fue el jugador más grande de baloncesto de todos los tiempos. Nadie lo discute. Sin embargo, cuando Jordan llegó a los Chicago Bulls en 1984, comprendió que tenía que hacer mejoras importantes para ganar un campeonato. Phil Jackson, su entrenador durante la mayor parte de la carrera deportiva de Jordan, escribió: "Cuando entró por primera vez a la liga en 1984, básicamente era un penetrador. Sus tiros desde el área de afuera no estaban al nivel de un profesional. Así que, fuera de temporada, se dispuso a pasar tiempo en el gimnasio practicando cientos de tiros todos los días. Finalmente, perfeccionó un tiro de tres puntos con una precisión devastadora". Jordan también mejoró su trabajo de equipo y para 1988, tenía un promedio de ocho rebotes y ocho asistencias en cada juego, junto con un puntaje promedio de treinta y tres. La habilidad de Jordan de enfocar y hacer los ajustes necesarios finalmente ayudó para que los Chicago Bulls ganaran tres campeonatos nacionales consecutivos entre 1991 y 1993.

Igualmente, como líder celular necesitas saber cómo enfocarte para trabajar de forma inteligente y no simplemente duro. Necesitas encauzar tu diligencia para guiar al grupo adelante. Mi investigación confirmó definitivamente que ciertas prácticas ayudan a multiplicar las células.

En la primera lección de este libro hablé sobre lo que los líderes celulares no necesitan hacer o tener para multiplicar sus grupos. No es necesario tener un cierto tipo de personalidad, o un don espiritual específico, ni cierto nivel de educación, ni se limita a los hombres o a las mujeres. Si bien la oración es la característica más importante, el estudio mostró también que las acciones que se explican a continuación se correlacionan positivamente con la multiplicación celular.

Estimula las relaciones entre los miembros

Los líderes eficaces animan a sus miembros a que formen amistades y se relacionen fuera de la reunión celular. El líder sabe que la reunión celular es sólo un aspecto de la vida celular. Como consideramos en una sección anterior, las relaciones entre los miembros celulares son igual de efectivas, si no más, fuera del grupo celular.

El líder podría animar a los miembros del grupo a que se reúnan antes del trabajo para orar y animarse. Hebreos 3:12–13 dice: "Cuídense, hermanos, de que ninguno de ustedes tenga un corazón pecaminoso e incrédulo que los haga apartarse del Dios vivo. Más bien, mientras dure ese «hoy», anímense unos a otros cada día, para que ninguno de ustedes se endurezca por el engaño del pecado".

Algunos líderes celulares se han sentido agobiados intentando hacerlo todo. Yo les recuerdo que ellos no tienen que desarrollar todas las relaciones. Les enfatizo a los líderes la necesidad de estimular a los miembros para que se reúnan entre sí.

Los eventos que ayudan a construir relaciones pueden ser eventos deportivos o una excursión para acampar. Algunos de estos eventos podrían coincidir con la misma reunión celular, pero frecuentemente los eventos son actividades aparte de la reunión, sea entre las personas del grupo o con todo el grupo.

¡Inténtalo!

Algunas actividades adicionales para el grupo:

- ☐ Ofrecer un lavado de automóviles
- ☐ Hacer una comida con carne asada
- ☐ Montar una venta de artículos de segunda mano.
- ☐ Un concierto

¿Qué agregarías? _____

_____

_____

_____

Promueve la evangelización y atrae a visitantes

Algunos líderes esperan que las personas lleguen por ellas mismas a las reuniones celulares. Los líderes eficaces, al contrario, movilizan la célula para extender la mano y atraer a nuevas personas al grupo. En lugar de considerarlas un impedimento, los buenos líderes saben que las visitas traen nueva vida al grupo celular.

Cuando el hijo de Leo llegó al grupo celular, nos pusimos contentísimos. Esa misma noche también nos visitó el hermano de Adrienne con su hijo. La célula cobró vida. Percibimos un nuevo vigor y propósito en el grupo celular. Todos quisimos ayudar y extenderles la mano.

¡Inténtalo!

Lee Juan 4:39–42.
¿Qué hizo la mujer Samaritana como resultado de su encuentro con Cristo?

_____

_____

_____

¿Cómo han sido influenciadas las personas por tu testimonio? Cita algunos ejemplos.

_____

_____

_____

_____

_____

_____

Algo emocionante ocurre cuando llegan visitas. Renuevan la sensación de comunidad entre el grupo y le infunden un nuevo aliento. La célula puede repartir su don de ser comunidad a un mundo herido y agonizante que no sabe nada de la fraternidad que hay en Cristo. La iglesia llega a ser la iglesia para otros. Los líderes celulares sabios no asumen toda la responsabilidad de invitar a otros. Constantemente están animando al grupo a que participe en el proceso. Mi estudio reveló que aquellos líderes celulares que semanalmente animaban a los miembros a invitar a otros doblaron su capacidad de multiplicar sus grupos, en comparación con los líderes que tan sólo lo recordaban de vez en cuando o no lo hacían. Los líderes celulares podrían concluir la reunión reafirmando la visión evangelizadora: "Miguel, ¿a quien vas a invitar la próxima semana?" Miguel podría decir: "A mi primo Tomás". El líder celular podría responder: "Me parece muy bien. Oremos para que tu primo Tomás responda favorablemente a tu invitación".

Fija las metas de la multiplicación celular

La encuesta mostró que los líderes celulares que fijaban una fecha para la multiplicación celular tenían muchas más probabilidades de multiplicar la célula que aquéllos que no definieron esa meta. Las metas sirven para dar dirección al grupo.

Cuando mi esposa estaba embarazada de nuestra primera hija Sarah, todo giraba alrededor de los planes para ese día especial. Teníamos que encontrar la cuna, la ropa, preparar el cuarto y, sobre todo, ensayar para el parto. Acostumbro decir que los grupos celulares están embarazados... y que deben tener un plan para el parto. La diferencia es que la multiplicación puede tomar mucho más tiempo que nueve meses. Aun así, se debe tratar de prever el cuándo, quién y dónde lo mejor que se pueda. Recuérdale al grupo por qué es necesaria la multiplicación. Encuadra la visión en los términos de cumplir la Gran Comisión de Jesús: formar discípulos que dirijan al nuevo grupo.

David Cho, el fundador y pastor de la iglesia más grande en la historia del cristianismo, dijo: "Muchas personas me criticaron porque yo daba metas a mi gente y luego les animaba a que logren esas metas. Porque si no les das metas, no tiene caso estar en una célula… Si la gente no tiene metas, se reunirá solamente para disfrutar del compañerismo". Parece que Cho daba a su gente las metas de multiplicación. Es todavía mejor cuando el líder del grupo junto con la célula establecen las metas.

¡Inténtalo!

Lee Josué 14:6–15.
¿Cómo incluyó Caleb a Dios en su meta? (versículo 14).

_____

_____

Usando el ejemplo de Caleb, describe tu meta para la multiplicación del grupo celular.

_____

_____

_____

_____

_____

_____

Una razón importante por la que es necesario establecer metas es porque los grupos celulares tienen la tendencia a volcarse hacia adentro y llegar a la auto-absorción. Las células necesitan una meta clara para mantenerse enfocadas hacia afuera. Las células biológicas humanas poseen un código genético que dicta cuándo deben dividirse. Es parte de su composición genética. Cuando un líder celular infunde la meta de la multiplicación, es como si activara el código genético para dar a luz en el grupo.

¡Inténtalo!

Verdadero o falso:

☐ Una meta de multiplicación celular imprime dirección al grupo.

☐ Deben mantenerse rígidamente las metas de multiplicación celular, aunque la célula madre muera en el proceso.

☐ Las metas de multiplicación mantiene al grupo enfocado hacia afuera.

¡Memorízalo!
Proverbios 15:22 "Los pensamientos son frustrados donde no hay consejo; más en la multitud de consejeros se afirman" (Versión Reina Valera).

Mantén el contacto

El estudio demostró que los líderes celulares que mantuvieron el contacto con los que asistieron a la célula eran más eficaces conservando la unidad y guiando al grupo hacia la multiplicación. Ya sea que los miembros celulares visitan a los miembros o a los recién llegados, es importante mantener el contacto. El versículo en Proverbios me viene a la mente, «Asegúrate de saber cómo están tus rebaños; cuida mucho de tus ovejas.» (Proverbios 27:23). Una visita o una llamada puede realmente hacer que la persona se sienta querida y cuidada. Un acto de bondad también animará a que la persona regrese.

Entiendo que puede ser una carga, como si fuera una obligación, establecer un contacto. Tomar el teléfono puede parecer como alzar un peso pesado por las tantas cosas que reclaman nuestra atención. En esos momentos, recuerde el eslogan de Nike, «Sólo hazlo» (*just do it*). Recuerdo un misionero que me dijo: "yo no tengo el don de hacer llamadas telefónicas". Yo tenía ganas de decirle: "¡Sólo hazlo!"

¡Hazlo!

Haz contacto esta semana con alguien de tu grupo celular que lo necesita (sea por teléfono o con una visita personal). Ora con la persona.

A menudo se presentan individuos en el grupo celular que sólo hablan de generalidades. No expresan mucho de sí mismos y es difícil conocerlos en el grupo. Cuando me he dado el tiempo para salir con ellos y tomarnos un café he conseguido conocerlos como individuos y he logrado establecer lazos estrechos y perdurables.

¡Inténtalo!

De lo que hemos cubierto hasta ahora en esta lección, marca abajo con una cruz las disciplinas en las que te sientes más débil. Luego, encierra con un círculo aquellas en las que te sientes más fuerte:

☐ Animando a que los miembros se relacionen.
☐ Evangelizando y alcanzando a los visitantes.
☐ Definiendo las metas para la multiplicación.
☐ Haciendo contacto con los miembros y visitas de la célula

El líder celular no tiene que hacer todos los contactos. Pídele a un miembro fundador que visite a nuevos miembros o a alguien que hace tiempo no viene a las reuniones. Necesitarás hacer un seguimiento para verificar que el contacto tuvo lugar. De nuevo, se trata de compartir responsabilidades. No tienes que hacer todo tú solo.

¡Recuérdalo!

¿Qué fue lo que más te impactó en esta lección?

_____

_____

_____

_____

_____

_____

_____

_____

Los puntos principales:

1. Junto con la oración, hay ciertas tareas que ayudan al líder a multiplicar la célula.

2. Las cuatro áreas cubiertas en esta lección son: alentar a los miembros a relacionarse, alcanzar y atraer visitantes, fijar una fecha para la multiplicación, y mantener el contacto con las personas del grupo (miembros y visitas).

¡Aplícalo!

1. Habla con las personas clave en tu grupo sobre una fecha como meta para la multiplicación. Después de orar, fija la fecha y anúncialo en la reunión celular.

2. Planifica una actividad social con tu célula para hacer más estrecha la relación entre los miembros.

Notas del Capítulo

Notas del Capítulo

Notas del Capítulo

Notas del Capítulo

Haz discípulos que harán más discípulos

J ohn Wesley y George Whitefield eran predicadores famosos. Ambos vivieron durante el siglo XVIII y pertenecían al mismo club religioso en la Universidad de Oxford. Ambos deseaban ganar al mundo perdido para Jesucristo y estaban ávidos por probar nuevos métodos para lograrlo. De hecho, George Whitefield predicó al aire libre antes de John Wesley. La mayoría cree que George Whitefield era mejor predicador que Wesley. Benjamín Franklin calculó en cierta ocasión que Whitefield podía predicar fácilmente a una muchedumbre de 30,000 personas (sin micrófono). Whitefield probablemente logró más decisiones que Wesley debido a las grandes muchedumbres que atrajo.

Sin embargo, había algunas diferencias fundamentales entre los dos. Al final de su vida, George Whitefield dijo: "Mi hermano Wesley actuó sabiamente. A las almas que se despertaron bajo su ministerio las unió en clases [los grupos celulares] y así conservó los frutos de su labor. Eso yo descuidé, y las que yo gané son una cuerda de arena".

Cristo sabía que para transformar al mundo necesitaría concentrarse en personas específicas. Jesús no descuidó a las multitudes, pero se concentró en Sus discípulos quienes proporcionarían supervisión y discipulado al resto. Como leemos en Marcos 9:30–31, Jesús con frecuencia los apartó de las muchedumbres: "Pero Jesús no quería que nadie lo supiera, porque estaba instruyendo a sus discípulos". Cristo dejó la muchedumbre para concentrar sus energías en Sus discípulos que guiarían la Iglesia en el futuro.

Faltan obreros para la cosecha

La Biblia dice: "Jesús recorría todos los pueblos y aldeas enseñando en las sinagogas anunciando las buenas nuevas del reino y sanando toda enfermedad y dolencia. Al ver a las multitudes, tuvo compasión de ellas, porque estaban agobiadas y desamparadas como ovejas sin pastor. "La cosecha es abundante y son pocos los obreros," les dijo a sus discípulos. "Pídanle, por tanto al Señor de la cosecha, que envíe obreros a su campo. Reunió a sus doce discípulos y les dio autoridad para expulsar a los espíritus malignos y sanar toda enfermedad y toda dolencia" (Mateo 9:35–10:1). Jesús se preocupa por aquellos que aún no le conocen. Están hoy igual de perdidos como lo estaban en la era bíblica. Una de las mejores maneras de alcanzarlos es conseguir que se involucren en un grupo celular y llevarlos por los libros que estás estudiando. Esto ayudará a prepararlos como obreros para la cosecha.

¡Inténtalo!

Lee Mateo 28:18–20. ¿Cuál es el mandato que Cristo les dio a sus discípulos?

_____

_____

¿Cómo se aplican las palabras de Cristo a la formación de nuevos líderes en el ministerio celular?

_____

_____

_____

_____

_____

Forma a los futuros formadores de líderes

Algunas personas piensan que sólo ciertas personas pueden ser ministros. Piensan que sólo aquellos con un grado o con un entrenamiento especial pueden llegar a ser líderes celulares. Sin embargo, Apocalipsis 1:15-6 nos dice: "Al que nos amó, y nos lavó de nuestros pecados con su sangre, y nos ha hecho reyes y sacerdotes al servicio de Dios, su Padre". Tú eres un ministro. Tú eres un sacerdote. Tú has sido llamado para ministrar a otros.

Empieza ahora a ver a otros como formadores de discípulos. El trabajo más importante de un líder celular no es encontrar a los miembros para llenar el grupo sino desarrollar al próximo discípulo que formará más discípulos. Realmente, una de las razones principales para la célula es el desarrollo de discípulos. Un entrenador de discípulos dirige un grupo celular y está formando a los nuevos líderes dentro de ese grupo que a su vez harán lo mismo. Éste es el proceso. En otras palabras, las células son como incubadoras de líderes.

Esto significa que tenemos que seguir discipulando a otros para incrementar el número de líderes futuros en el reino de Dios. Y de esto se trata el ministerio celular. Se trata de formar un ejército de futuros líderes.

Dios nos ha llamado a tomar aprendices y convertirlos en líderes futuros. Éste es el estilo de vida bíblico. Moisés enseñó a Josué y Elías entrenó a Eliseo. Los apóstoles fueron reclutados y entrenados por Jesús. Bernabé discipuló a Pablo que a su vez formó a Timoteo. ¿Puedes nombrar a alguien que estás entrenando y formando?

¡Hazlo!

Toma el próximo paso para llegar a ser un líder celular. Si ya eres un líder celular, acércate a alguien en tu grupo y háblale acerca de tomar el siguiente paso para formarse como líder celular (discipulador).

La meta del grupo celular

La meta es transformar a cada miembro celular en un discípulo que forme a otros discípulos. Cada persona en la célula debe recibir el entrenamiento (así como lo estás recibiendo en este momento) y prepararse para dirigir un grupo celular o formar parte de un equipo que dirige un grupo.

Tal vez escuchaste la anécdota de Miguel Ángel cuando pasó junto a un trozo grueso y tosco de mármol que estaba tirado en la ladera de un camino. A otro escultor no le gustó el trozo de mármol y lo descartó. Miguel Ángel fijo la mirada en el pedazo de mármol y lo empezó a estudiar. Siguió mirando fijamente hasta que uno de sus amigos se puso impaciente y le preguntó: "¿Qué miras tanto?" Miguel Ángel levantó la vista y le contestó: "Estoy mirando un ángel". Él pudo ver algo maravilloso y digno en un pedazo roto de piedra.

Cada persona que entra al grupo celular debe ser considerada como un ángel en potencia. Lo que debes buscar en las personas es el deseo de crecer, de depender en Dios, de tener una actitud de siervo y muchas ganas de servir. Recuerda que no estás buscando dones o talentos sobresalientes.

¡Inténtalo!

Lee 2 Timoteo 2:1–3.
¿Cuál es el punto principal de Pablo a Timoteo en este pasaje?

_____

_____

¿Te ves a ti mismo como alguien que puede formar un discípulo? ¿Por qué sí o por qué no?

_____

_____

_____

¡Inténtalo!

¿Qué has hecho para que se descubran o salgan a la luz nuevos líderes en tu grupo celular?

_____

_____

_____

_____

¿En qué área específica necesitas enfocar tu esfuerzo?

_____

_____

_____

_____

Arriésgate por Jesús

A veces tenemos la tendencia a criticar a Pedro cuando, de hecho, Pedro tuvo el valor y la fe para salirse de la barca, "Señor, si eres tú, respondió Pedro, mándame que vaya a ti sobre el agua. Ven, dijo Jesús. Pedro bajó de la barca, caminó sobre el agua y vino hacia Jesús" (Mateo 14:27–32).

Los que se arriesgan por Jesús siempre se enfrentarán a la posibilidad de tropezar y caer. Pero es precisamente en esas circunstancias cuando aprendemos las lecciones más valiosas. Si nunca nos arriesgamos, hacemos poco para Jesús. Acuérdate que la meta del líder celular consiste en ayudar al miembro de la célula a dar los pasos para salir de la barca.

¡Inténtalo!

¿En una escala del 1–10, cómo calificarías tu capacidad para tomar riesgos?

_____

_____

Con respecto al liderazgo celular, ¿cuál es el próximo paso que necesitas tomar? Haz planes definitivos para tomar ese paso.

_____

_____

_____

_____

_____

_____

_____

_____

_____

_____

James Kouzes y Barry Posner dicen: "Los líderes se aventuran a salir. Los que guían a otros a la grandeza buscan y aceptan el desafío. Los líderes son pioneros, personas que están dispuestas a lanzarse a lo desconocido. Están dispuestos a correr riesgos, innovar y experimentar para encontrar nuevas y mejores maneras de hacer las cosas" (James M. Kourzes & Barry Z. Posner, *El Desafío del Liderazgo: Cómo Seguir Consiguiendo que se Realicen Cosas Extraordinarias en las Organizaciones*, San Francisco, CA: Publicadores de Jossey Bass, 1995, pp. 9-10).

¡Memorízalo!
Mateo 9: 37–38 "Entonces él dijo a sus discípulos: "La cosecha es abundante pero los obreros son pocos. Pídanle, por tanto, al Señor de la cosecha que envíe obreros a su campo".

Dos principios fundamentales

El primer principio es permitir que cada miembro de la célula realice una de las secciones importantes de la reunión celular (dirigir el rompehielos, la adoración, la oración, la enseñanza, etc.). Los aprendices a líderes celulares necesitan practicar lo que es salir de la barca. Aunque ciertos líderes celulares tienen la tendencia a hacerlo todo, los potenciales líderes celulares aprenderán más cuando tienen la oportunidad de involucrarse en el liderazgo.

Mi consejo es que se provea de una experiencia; que se haga una evaluación; que se analice esa retroalimentación con el aprendiz; que se extraiga los principios aprendidos; que se proporcione otra experiencia; que se continúe con este patrón.

El segundo principio fundamental es asegurarse de que el potencial líder celular reciba el entrenamiento. No es necesario que el líder de la célula administre todo el entrenamiento, pero sí tiene la responsabilidad de asegurarse de que se lleve a cabo.

Usa los títulos o nombramientos con mucha cautela. A las personas les gusta tener el reconocimiento de un título. Pero a menudo, en cuanto lo obtienen, se sienten satisfechas con ese role y no progresan más allá de ese punto. Pienso que es bueno reconocer a cada individuo como un líder potencial. Algunos llegarán a ser líderes antes que los demás, y está bien.

¡Recuérdalo!

¿Qué fue lo que más te impactó en esta lección?

_____

_____

_____

_____

_____

_____

_____

Puntos principales:
1. La Biblia dice que cada persona es un ministro. ¡Nadie ha sido llamado para que simplemente se quede sentado en la barca!
2. La solución de Cristo para ganar al mundo es formar, de la misma cosecha, obreros segadores.
3. Formarse a partir de aprendiz de futuro líder es un estilo de vida bíblico.

¡Aplícalo!
1. Entrevista a un líder celular que ha multiplicado su grupo. Anota los principios de multiplicación celular que hayas descubierto en la entrevista.
2. Medita sobre el hecho de que cada persona puede ser un formador de discípulos. Planifica los pasos específicos para que cada miembro celular esté involucrado en algún aspecto de la célula.

Cómo asesorar a alguien usando este material

Muchas iglesias estudian este material en grupos. Esta es la manera normal de usar el material, pero no es la única. Si tú escoges enseñar a un grupo, podemos proporcionarte, en un CD, bosquejos y PowerPoints de los cinco libros de capacitación. Compra este CD en www.joelcomiskeygroup.com o llamando al 1-888-511-9995.

Otra manera de entrenar a alguien es pedir que la persona complete cada lección individualmente y, entonces, pedir a un cristiano maduro del mismo sexo que lo asesore. El/a asesor/a hará que el/a «aprendiz» se responsabilice por completar la lección y comparta lo que está aprendiendo.

Creo que es útil tener varios métodos para enseñar este material. El hecho es que no todos pueden asistir a las reuniones de entrenamiento en grupo. Pero no por eso se tiene que dejar de dar el entrenamiento a la persona que lo necesite. El asesoramiento es una buena opción.

Asesora al aprendiz mediante el uso del material

De preferencia, el asesor se reunirá con el aprendiz después de cada lección. A veces, sin embargo, el aprendiz completará más de una lección y el asesor combinará esas lecciones cuando se reúnan.

El asesor es una persona que ya conoce el material y ha ayudado a otras personas en el proceso de entrenarse. Además, un asesor debe tener:

- una relación íntima con Jesús,
- buena voluntad y un espíritu dispuesto a ayudar. El asesor no necesita ser un «maestro». El libro mismo es el maestro — el asesor simplemente hace que el aprendiz le rinda cuentas haciéndole preguntas y estimulándole a la oración.

Yo recomiendo mi libro, *Cómo ser un Excelente Asesor de Grupos Celulares,* para entender más acerca del proceso del asesoramiento (este libro también puede adquirirse en www.joelcomiskeygroup.com o llamando al número 1-888-511-9995. Los principios en *Cómo ser un Excelente Asesor de Grupos Celulares* no sólo se aplican al asesoramiento de los líderes celulares sino también sirven para asesorar a un aprendiz.

Yo recomiendo los siguientes principios. El asesor debe estar dispuesto a:

• Recibir de Dios. El asesor debe recibir la iluminación de Jesús a través de la oración para que tenga algo que compartir con el aprendiz.

• Escuchar a la persona. El trabajo del asesor es escuchar lo que el aprendiz ha respondido en la lección. El asesor también debe escuchar las alegrías, luchas y motivos de oración del aprendiz.

• Animar y alentar al aprendiz. Lo mejor que el asesor pueda hacer, a menudo, es señalar las áreas positivas del aprendiz. Yo insisto en que los asesores sean muy positivos e infundan aliento. Todos estamos muy conscientes de nuestros fracasos y a veces los tenemos muy presentes. El ánimo ayudará al aprendiz a seguir adelante y anticipar con gusto cada lección. Intenta empezar cada lección señalando algo positivo sobre la persona del aprendiz y sobre lo que él o ella está haciendo.

• Cuidar a la persona. Las personas que asesoras pueden estar luchando con algo por encima y más allá de la lección. El material puede evocar un área problemática. Los buenos asesores estarán dispuestos a tocar esas áreas profundas de necesidad por medio de la oración y el consejo. Y es completamente aceptable que el asesor simplemente diga: «No tengo una respuesta ahora mismo para tu dilema, pero conozco a alguien que la tiene». El asesor puede consultar con su propio asesor para tener una respuesta y luego llevarla a la sesión de la semana siguiente.

• Desarrollar/entrenar a la persona. Se espera que la persona haya leído ya la lección. La meta del asesor es facilitar el proceso de aprendizaje haciendo preguntas específicas sobre la lección.

• Trazar una estrategia con el aprendiz. El trabajo del asesor es que el aprendiz sea responsable de completar la siguiente lección y/o terminar la actual. El papel principal del asesor es ayudar al aprendiz a mantener el ritmo de estudio y conseguir que saque el mayor provecho posible al material.

• Desafiar a la persona. Algunos piensan que cuidar es bueno pero confrontar es malo. Debemos combinar las acciones de cuidar y confrontar porque eso es lo que la Biblia promueve. Si realmente nos importa la persona, la confrontaremos. El Espíritu podría mostrarte áreas en la vida del aprendiz que necesitan colocarse bajo el Señorío de Cristo. El mejor enfoque es pedir permiso. Podría decir: «Tomás, ¿me permites hablarte sobre algo que he notado?». Si la persona te da permiso, entonces podrás decirle lo que el Señor puso en tu corazón.

Primera sesión

Creemos que cuando el asesor se encuentra con el aprendiz, el Espíritu Santo guia la sesión. La creatividad y flexibilidad deben reinar. Recomiendo, sin embargo, los siguientes principios:

• Conoce a la persona. Una buena manera de empezar es mediante las Preguntas Cuáqueras. Éstas ayudarán a que se conozcan el uno al otro. Después de la primera semana, el asesor puede comenzar con oración y simplemente puede preguntar sobre la vida del aprendiz (por ej., familia, trabajo, estudios, crecimiento espiritual, etc.).

Preguntas Cuáqueras

1. ¿Dónde viviste entre los 7 y los 12 años?
2. ¿Cuántos hermanos y hermanas tenías?
3. ¿Qué forma de transporte usaba tu familia?
4. ¿Con quién te sentías más íntimamente vinculado durante esos años?

• Sé transparente. Como tú ya has completado este material, comparte tus experiencias con el aprendiz. La transparencia logra mucho. Los grandes asesores comparten tanto victorias como derrotas que han tenido en la vida.

"Preguntas de Asesoramiento" para usar todas las semanas

Un buen asesor hace muchas preguntas y escucha muy atentamente. La meta es indagar cómo el aprendiz puede aplicar el material a su vida diaria. Las preguntas clave para levantar en cada oportunidad son:

1. ¿Qué te gustó más de la(s) lección(es)?
2. ¿Qué te gustó menos de la(s) lección(es)?
3. ¿Qué te fue difícil entender?
4. ¿Qué aprendiste sobre Dios que no sabías antes?
5. ¿Qué necesitas hacer ahora con esa nueva información?

El asesor no tiene que hacer cada una de las preguntas anteriores, pero es bueno tener un patrón, así el aprendiz sabe qué esperar cada semana.

El modelo a seguir cada semana

1. Prepárate espiritualmente antes del comienzo de la sesión.
2. Lee la lección de antemano, recordando los pensamientos y las preguntas que tuviste cuando estudiaste el material.
3. Comienza la sesión con oración.
4. Haz las preguntas de asesoramiento.
5. Confía en que el Espíritu Santo moldeará y formará al aprendiz.
6. Termina con oración.

Índice

A

Abraham Lincoln, 67, 68
actividad social, 78
adoración, 10, 11, 85
agenda, 10, 13, 18
amor, 9, 16, 21, 23, 32, 36, 40, 51,
    57, 59, 69
aplicación, 20, 21, 22, 23, 29
aprendizaje, 59, 88
Arriésgate por Jesús, 83
asesorar a otros, 3
ayudar a otros, 34

B

Barry Posner, 84
Beethoven, 16
Benjamín Franklin, 79
Biblia, 2, 9, 11, 12, 19, 20, 21, 23, 29,
    36, 44, 80, 86, 89
bienvenida, 10

C

calidad, 9, 8, 9
cambio, 5

canción, 35
capacitación, 60, 87
Carlos Dickens, 16
célula, 3, 9, 8, 9, 10, 11, 14, 25, 29,
    32, 34, 37, 38, 40, 41, 42, 45,
    50, 54, 55, 56, 57, 58, 59, 60,
    61, 62, 63, 64, 67, 73, 74, 75,
    76, 77, 78, 81, 82, 83, 85, 86
célula hija, 9
células biológicas, 75
Centro Mundial de Oración Beta-
    nia, 63
Christian A. Schwarz, 53, 56
Colombia, 61
comunicación, 25, 40
comunidad, 9, 18, 56, 57, 62, 74
consejo, 36, 76, 85, 88
contacto, 27, 76, 77, 78
corazón, 20, 22, 31, 34, 58, 64, 72,
    89
Corintios, 8, 13, 15, 31, 35, 48, 49,
    51, 53
cosecha, 80, 85, 86
Cristo en el centro, 43
cuerpo, 9, 19, 34, 37, 50, 55

Cuerpo de Cristo, 9
cuidado, 9, 15, 16

D

David Cho, 74
debilidad, 16, 47, 48, 49
dedicación, 59
definición, 9, 8, 10, 18
diligencia, 3, 63, 64, 65, 67, 70, 71
dirigir el grupo, 5
discípulos, 3, 9, 9, 58, 59, 61, 64, 66,
    74, 79, 80, 81, 82, 85, 86
dones, 5, 14, 15, 18, 35, 42, 44, 50,
    51, 52, 53, 59, 82
dones espirituales, 14, 15, 50, 51, 53

E

Eclesiastés, 41, 61
edificación, 31, 32, 34, 40, 42
educación, 16, 18, 44, 67, 71
Efesios, 19, 25, 50, 53
eficacia de un líder, 14
ejemplo, 9, 8, 13, 16, 20, 21, 22, 26,
    43, 44, 47, 57, 67, 75
enlace, 60
entorno espiritual, 3, 43
Escrituras, 2, 48, 51
escuchar, 5, 12, 24, 26, 36, 58, 88
esperanzas, 40
Espíritu Santo, 32, 33, 46, 47, 48,
    49, 50, 52, 53, 57, 89, 90
esposa, 34, 40, 51, 74
evangelización, 8, 9, 39, 55, 56, 58,
    59, 62, 73
extrovertidos, 14

F

facultan a otros, 26
Filipenses, 23
flexibilidad, 8, 18, 89
fortalezas, 40
fracaso, 17

G

género, 15, 16
Génesis, 60
George Whitefield, 79
gloria, 11, 15, 47, 48, 49
Gran Comisión, 58, 62, 74
grupo celular, 5, 9, 8, 9, 10, 12, 13,
    14, 15, 16, 18, 19, 20, 21, 22,
    23, 28, 31, 32, 34, 37, 38, 40,
    42, 43, 44, 49, 54, 55, 56, 58,
    59, 60, 61, 62, 63, 72, 73, 75,
    77, 80, 81, 82, 83

H

Handel, 16
Hebreos, 37, 46, 72
Hechos, 57
hombres, 8, 15, 16, 43, 48, 54, 71
honesto, 27

I

iglesia, 9, 8, 9, 11, 18, 19, 31, 49, 55,
    61, 74
interpretación, 20, 21, 22, 31
intimidad, 58, 62
introvertidos, 14

J

James Kouzes, 84
John Maxwell, 67
John Wesley, 79
Jordan, 71
Josué, 75, 81
Juan, 21, 38, 56, 59, 73
Judy Hamlin, 24
Julio César, 16

L

lanzamiento, 60
Larry Bird, 63
Larry Crabb, 34
líder, 8, 9, 11, 12, 14, 16, 20, 23, 24,
    25, 26, 29, 33, 34, 35, 36, 37,
    38, 39, 41, 42, 43, 44, 45, 46,
    48, 49, 53, 55, 57, 58, 59, 60,
    61, 62, 63, 67, 70, 71, 72, 74,
    75, 77, 78, 81, 83, 85, 86
liderazgo, 9, 27, 44, 45, 46, 52, 55,
    57, 59, 63, 64, 70, 84, 85
líderes exitosos, 14
Lombardi, 43
Lorgia Haro, 48, 49
Lucas, 5

M

manera inteligente, 3, 71
Marcos, 66, 79
meta, 5, 8, 9, 9, 11, 19, 21, 28, 34,
    56, 74, 75, 76, 78, 82, 83, 88,
    90
miembros, 5, 8, 10, 11, 13, 15, 16,
    19, 20, 23, 25, 26, 31, 35, 36,
37, 38, 39, 41, 42, 45, 49, 51,
52, 53, 55, 56, 57, 58, 59, 60,
61, 62, 64, 72, 74, 76, 77, 78,
81
Miguel Ángel, 82
Mikel Neumann, 14, 15
ministro de Cristo, 5
misericordia, 32, 51
Moisés, 19, 22, 81
mujeres, 15, 16, 54, 71
multiplicación, 9, 14, 18, 44, 45, 55,
    56, 57, 58, 59, 60, 61, 62, 64,
    70, 71, 74, 75, 76, 77, 78, 86
multiplicación madre-hija, 59, 62
músico, 11

N

NFL, 43
Nike, 69, 76
no-creyentes, 13
Nuevo Testamento, 47, 64

O

obreros, 64, 80, 85, 86
observación, 20, 21, 22, 23, 29
Observación, 20
organismo, 9

P

Pablo, 15, 31, 33, 48, 50, 52, 64, 67,
    81, 82
Palabra, 10, 11, 12, 13, 15, 18, 21,
    23, 24, 31, 45, 56, 58
Palabra de Dios, 11, 12, 21, 23, 24,
    31, 45
pasaje, 11, 12, 20, 21, 29, 82

Pedro, 31, 50, 65, 83
Penetración, 9
Perseverancia, 63
personalidad, 14, 15, 16, 18, 44, 71
personas que hablan mucho, 27
Peter Wagner, 53
poder, 16, 34, 35, 36, 37, 40, 41, 44, 45, 46, 47, 48, 49, 52, 66
PowerPoints, 8, 87
pregunta cerrada, 20
preguntas, 5, 10, 11, 19, 20, 22, 23, 25, 27, 29, 31, 36, 87, 88, 90
preguntas abiertas, 20
preguntas estimulantes, 19
preguntas más acertadas, 5
presencia, 33, 44
principios fundamentales, 43, 85
Proverbios, 24, 31, 37, 64, 67, 69, 76

R

Regularidad, 9
Relacional, 9
responsabilidad, 27, 74, 85
reunión celular, 12, 13, 23, 32, 35, 37, 40, 41, 42, 46, 54, 64, 67, 72, 78, 85
Romanos, 40, 52, 53, 64

S

Salmo, 11, 13, 14, 22, 33
Salvador, 32
sanación, 32, 34, 35, 36, 37, 51
Santiago, 12, 26
sensibilidad, 24
separación, 60
servir, 13, 17, 19, 33, 34, 82

siembra de células, 60
Sir Walter Scott, 16
Soichiro Honda, 68
spoudé, 64, 65, 67, 69, 70
Suiza, 61
Superlíder, 52

T

talentos, 15, 35, 59, 82
Tamaño pequeño, 9
Tesalonicenses, 33
testimonio, 10, 12, 13, 73
tiempo devocional, 44, 45
Timoteo, 65, 81, 82
Tomás Edison, 16
transparencia, 38, 39, 40, 89
transparente, 26, 27, 38, 39, 40, 42, 89

V

verdad, 8, 14, 37, 41, 45, 51, 52, 58, 63, 65
vínculos de amistad, 41
visitantes, 55, 64, 73, 77, 78

W

www.creedrecursos.es, 8, 87, 88
www.joelcomiskeygroup.com, 1, 2, 8, 14, 53, 87, 88

Z

Zacarías, 16

43593321R00064